한국 교회 중·고·대 사역 어떻게 할 것인가?:
다음 세대 사역 디자인

한국 교회 중·고·대 사역 어떻게 할 것인가?:
다음 세대 사역 디자인

초판 1쇄 발행 2025년 1월 17일
초판 2쇄 발행 2025년 2월 18일

지은이 | 이현철·허태영·이정현·이정규·조성민·강은도·나도움
펴낸이 | 허태영

펴낸곳 | 에스에프씨(SFC)출판사
등 록 | 서초구 제 2024-000047호
주 소 | (06593) 서울특별시 서초구 고무래로 10-5 2층 SFC출판부
전 화 | (02)596-8493
이메일 | sfcbooks@sfcbooks.com

디자인 | 김태림

ISBN 979-11-989050-4-8 (03230)
값 19,000원

* 이 책은 신저작권법에 의하여 국내에서 보호를 받는 저작물입니다.
  출판사와 협의 없는 무단 전재와 무단 복제를 엄격히 금합니다.
* 잘못된 책은 서점에서 교환하여 드립니다.
* 책값은 뒤표지에 있습니다.

다음 세대 사역 디자인

한국교회 "주고대" 사역, 어떻게 할 것인가?

이현철 · 허태영 · 이정현 · 이정규 · 조성민 · 강은도 · 나도움 공저

SFC

| 추천사 |

　한국교회의 미래는 다음 세대에 달려있습니다. 다음 세대가 단순히 시대의 흐름을 따르는 세대가 아니라, 신앙 안에서 굳건히 세움받는 세대가 되기를 간절히 기도합니다. 고신총회와 SFC는 이 중요한 사명을 품고, 다음 세대를 세우는 일에 최선을 다하고 있습니다. 특히 이번 책은 이현철 교수님과 여러 다음 세대 사역 전문가들이 함께 지혜를 모아 미래 세대를 위한 사역의 새로운 길을 열어가는 귀한 작품입니다. 책을 읽으며 제 가슴은 뜨겁게 뛰었고, 희망과 비전이 다시금 선명해졌습니다. "그래, 다시 도전하자! 그래, 다시 일어나자!"라는 외침이 자연스레 입술을 타고 흘러나왔습니다. 이 책을 접하는 모든 이들이 저와 같은 감동과 도전을 느끼며, 다음 세대를 향한 사역의 열정과 방향성을 새롭게 발견하리라 믿습니다. 모든 다음 세대 사역자와 관심 있는 분들께 강력히 추천합니다.

정태진 목사 • 대한예수교장로회(고신) 총회장

　다음 세대 사역에 대한 양극단적 입장이 있다고 생각합니다. 한쪽 극단은 '놀아주면 된다'는 입장입니다. 친구들을 쉽게 모으고 즐거움을 줄 수 있지만, 그 친구들을 목회자의 팬이 될지언정 예수님의 제자로 만들지 못하는 사역입니다. 반대쪽 극단은 '가르치면 된다'는 입장입니다. 복음 외의 전략적인 고민들은 모두 세속적인 시도이기에 배척한다는 주장입니다. 친구들이 쉬이 받아들이기 어려운 사역이지요. 불량식품과 쓴 한약과 같은 양극단 사이에 분명히 대안이 있다고 봅니다. 전략적 고민과 본질을 함께 가져가고자 한 시도들이 이 책에 녹아져 있고, 이 고민들은 실제 사역현장에 있는 많은 사역자들에게 큰 도움이 될 거라 생각합니다.

차성진 목사 • 엠마오연구소

신앙은 세대를 이어 다음 세대로 전수되어야 합니다. 아낌없이 주는 나무처럼 자신을 내어 주는 앞선 세대의 사랑과 헌신이 필요합니다. 이 책은 다음 세대에게 바른 신앙을 전수하길 원하는 청소년 사역자들에게 꼭 필요한 정보를 가득 담고 있습니다.

다음 세대를 바르게 이해하여 제대로 돕길 원하는 청소년 사역자들이 꼭 읽어야 할 내용입니다.

1부는 청소년 사역에서 중요한 여섯 영역(목회, 교육, 설교, 찬양 및 예배, 부모 및 가정, 교회)을 다루고 있습니다.

2부는 실증적 분석자료를 통해 청소년과 대학생을 바르게 이해하고 도울 수 있는 유용한 지침을 제공해 줍니다.

깊이 있는 대안과 실제적인 방향을 제시해 주는 이 책을 통해 청소년 사역을 구체적으로 디자인하며, 새로운 활로를 찾게 되기를 바랍니다.

김추현 목사 • SFC훈련원장

이 책은 청소년 사역에 대해 전혀 새로운 것을 말하려는 것이 아닙니다. 대신 이 책은 '균형'에 대해 깊이 이야기합니다.

구약 시대부터 이어져 온 예배의 전통에서 오늘날 이 시대에 필요한 예배와 공동체의 모습까지, 다음 세대를 위한 개인적 예배와 공동체적 예배를 제시합니다.

이 예배를 통해 우리는 하나님과의 연합을 이루고, 세대를 초월한 연합의 가능성을 발견하게 됩니다.

개인과 공동체, 전통과 새로움의 조화를 통해 연합과 균형 속에서 이루어질 하나님의 나라와 예배를 이 책을 읽는 모든 사역자와 독자들이 함께 나누고 경험하게 되길 기대합니다.

노소영 간사 · 아이자야씩스티원

| 목 차 |

추천사   5
서문   13

| 제1부 중·고·대 사역, 이렇게 하라 |

중·고·대, '목회 사역' 이렇게 하라!   19

1. 중·고·대 사역의 현주소   19
2. 중·고·대 목회와 사역의 출발점은 교육철학이다!   21
3. 중·고·대 사역에서 가장 중요한 부분은 예배다!   24
4. 중·고·대의 진정한 성장의 열쇠는 양육이다!   29
5. 중·고·대학생들을 사역자로 만들라!   34
6. 중·고·대 목회 사역 방향: 37
 "중·고·대 목회, 정공법(正攻法)으로 사역하라!"

중·고·대, '교육 사역' 이렇게 하라   39

1. 다음 세대, 신앙 교육의 슬픈 현실   39
2. 사역자들이 기억해야 할 다음 세대 교육 방법의 원리   45

3. 다음 세대 교육 방법의 실제: 47
HBLT와 문제기반학습(PBL)을 통한 교육 사역
4. 중·고·대 교육 사역의 방향: 56
신앙적 문제 해결력을 갖춘 실천적 그리스도인으로 양육하라!

중·고·대, '설교 사역' 이렇게 하라 59

1. '들리게' 만드는 설교는 무엇일까? 59
2. 심방의 재발견 73
3. 중·고·대 설교사역의 방향: 75

중·고·대, 찬양 및 예배 사역 이렇게 하라 79

1. 한국 교회, 예배, 그리고 변화하는 시대 79
2. 모던 워십의 정의 82
3. 모던 워십의 본질적 적용 85
4. 모던 워십으로 본 오늘날의 예배 비평 89
5. 예배 형식: '아이자야 씩스티원'의 사례 94
6. 미래의 관점에서 보는 모던 워십의 발전 95
7. 워십 리더가 갖추어야 할 자질 106
8. 중·고·대 찬양 및 예배 사역의 방향: 109

중·고·대, '부모 및 가정 사역' 이렇게 하라   113

   1. 가정과 교회: 하나님의 두 축복의 기관   113
   2. 갈등: 가정을 성숙하게 하는 필연적인 과정   114
   3. 중고등학생과 부모의 관계   114
   4. 청년과 부모의 관계   121
   5. 부모 및 가정 사역을 위한 원리   122
   6. 중·고·대 부모 및 가정 사역의 방향: 124

중·고·대, '학교 사역' 이렇게 하라   127

   1. 어떻게 해야 학교 사역을 할 수 있습니까?   127
   2. 학교 기도모임?: 스쿨처치   128
   3. 학교 사역, 너무 이상적인 거 아닙니까?   129
   4. 학교 기도모임(스쿨처치) 어떻게 세워가야 하나: 135
      방법과 사례
   5. 중·고·대 학교 사역의 방향: 144
      "우리는 학교에서도 크리스천입니다"

중·고·대, '교회 사역' 이렇게 하라   147

1. 성경이 말하는 교회   147
2. 청소년의 특징과 교회 청소년들의 교회 이해   148
3. 청년의 특징과 교회 청년들의 교회 이해   152
4. 현장 사역을 위한 전제   156
5. 사역의 실제   164
6. 중·고·대 교회 사역의 방향   168

| 제2부 중·고·대, 이해하기 |

1. 청소년 파트   173
2. 대학생 파트   249

참고문헌   271

서문

| '작은 씨앗'에서 자라나는 '큰 나무'를 바라보며 |

눈을 감고 작은 씨앗에서 자라난 큰 나무를 떠올려 보자. 지금은 비록 작은 씨앗이지만, 싹이 나고 성장하여 우리 키를 훌쩍 넘는 웅장한 나무가 되는 모습을 상상해 보라. 그 자체로 감사와 기쁨이 넘친다.

작은 씨앗이 큰 나무로 자라듯, 우리의 중·고등학생과 대학생 세대도 그러하다. 지금은 작고 연약해 보일지 모르지만, 삼위 하나님의 인도하심 안에서 성장하여 한국 사회와 한국 교회를 이끌어갈 '큰 나무'로 자랄 것이다. 이들의 수준은 곧 미래 한국 사회의 수준이 될 것이며, 이들의 걸음은 미래 한국 교회의 방향을 결정할 것이다. 삼위 하나님께서 이들을 섭리 가운데 든든히 세우실 것을 믿는다.

우리는 하나님의 도구로서 다음 세대가 아름답게 성장할 수 있도록 돕는 데 최선을 다해야 한다. 그들을 위해 사역에 집중하고, 필요에 민감하게 반응하며 그 길을 열어 주어야 한다. 한국 교회 역사 속에서 신앙의 선배들은 다음 세대를 위해 아낌없는 헌신과 수고를 해 왔다. 그들의 희생과 사랑으로 우리가 오늘날 신앙을 이어가고 있듯이, 이제는 우리가 선배가 되어 그 사랑을 작은 씨앗들에게 전달해야 할 때다. 지금 이곳에서 그들이 신앙 안에서 성장할 수 있도록 마음과 뜻을 모아야 한다.

이번 작업은 바로 그러한 마음에서 시작되었다. 특히 중·고등학생과 대학생 세대를 가장 가까운 자리에서 섬기고 있는 사역자들을 지원하고 돕기 위해 진행되었다. '중·고등학생과 대학생을 위한 사역은 어떤 방향으로 나아가야 하는가? 무엇을 담고, 무엇을 덜어내야 할까? 현장의 시행착오를 어떻게 줄일 수 있을까?'를 고민하며 연구하고 자료를 준비했다.

이번 작업에서는 중·고등학생과 대학생 세대의 상황과 맥락을 깊이 고려하여, 목회, 가정, 찬양 및 예배, 설교, 교육, 학교, 교회 등 다양한 영역으로 나누어 실제적인 사역 방향을 담고자 했다. 이러한 작업이야말로 다음 세대에 대한 사랑을 구체적으로 전하는 중요한 실천이라고 믿는다. 특별히, 이번 작업이 가능하도록 전폭적인 지원을 아끼지 않은 학생신앙운동(SFC)에 깊이 감사드린다. SFC는 연구 지원뿐만 아니라 그동안 수행했던 실증적 분석 자료(『SFC, 청소년을 말하다: 교회편』) 중 일부를 본 작업에 담을 수 있도록 허락해 주었다(이 책의 제2부 '중·고·대, 이해하기'). 이 자료들은 현장 사역자들이 청소년과 대학생들을 이해하고 돕는 데 유용한 지침이 될 것이다. 한국 교회 앞에서 SFC는 다음 세대를 위한 "사역 허브"(hub)로서 중요한 역할을 감당해 왔으며, 그리스도의 희생적 사랑을 본받아 헌신적으로 사역해 왔다. 앞으로도 SFC 사역이 하나님 나라의 확장에 크게 쓰임 받을 것을 확신한다.

또한, 이번 작업에는 각 분야에서 이론과 실무를 겸비한 최고의 전문가들이 함께해 주셨다(이 책의 제1부 '중·고·대, 사역 이렇게 하라'). 목회 영역은 이정현 목사(청암교회), 찬양 및 예배 영역은 조성민 대표(Isaiah 6tyOne), 가정 및 부모 영역은 강은도 목사(더푸른교회), 설교 영역은 이정규 목사(시광교회), 학교 영역은 나도움 목사(Stand Ground), 교회 영역은 허태영 대표간사(SFC)가 맡아주셨고, 부족하지만 교육 영역은 내가 담당하였다. 이분들은 각자의 삶에서 중·고등학생과 대학생 세대의 긴급성과 중요성을 몸소 실천해 온 사역자들이다. 그들에게 사역의 방향과 매뉴얼 공유의 필요성을 제안했을 때, 모두 기쁜 마음으로 집필에 참여해 주었다. 이들의 헌신 위에 삼위 하나님의 풍성한 은총이 가득하기를 기도한다!

중·고등학생과 대학생 세대 사역은 지금도, 앞으로도 결코 쉽지 않을 것이다. 하지만 변함없는 하나님의 인도하심과 은혜의 손길이 늘 함께하실 것을 믿는다. 이번 작업이 중·고등학생과 대학생 사역자들에게 유익을 더하고, 하나님 나라의 확장을 위해 우리가 함께 힘을 모으는 데 작은 도구가 되길 소망한다.

Soli Deo Gloria!

2024년 12월
저자들을 대신하여
이현철

중·고·대 사역, 이렇게 하라

제1부

중·고·대, '목회 사역' 이렇게 하라!

이정현 목사 • 청암교회

1. 중·고·대 사역의 현주소

여름철 강당을 가득 채운 청소년들 앞에서 설교할 때, 늘 하는 질문이 있다.

"여러분 중에서 학교에서 급식 먹을 때 기도하는 사람, 손들어 보세요!"

약 10% 정도 손을 든다. 매우 충격적이다. 단순히 교회에서 던지는 질문이 아니라, 은혜를 받기 위해 수련회에 온 학생들 가운데서도 급식 시간마다 기도하는 청소년들이 10%밖에 되지 않는다는 사실은 충격 그 자체이다.

최근에 서울의 한 미션스쿨에서 교목으로 섬기고 있는 목사님과의 대화에서 또다시 큰 충격을 받았다. 보통 한 교실에 교회에 다니는 크리스천 청소년들은 많아야 3명 정도밖에 되지 않는다고 한다. 이 학교는 기독교 정신으로 세워진, 꽤 유명한 학교이다. 그래서 많은 부모들이 일부러 이 학교에 자녀를 보내기도 한다. 그러나 부모는 크리스천이라고 하지만, 자녀들은 종교란에 "무교"라고 표기한다고 한다.

또한, 우리나라를 대표하는 한 대형교회 대학부 수련회에서 발생한 논쟁이 이 시대의 현실을 잘 보여 준다. 이 교회는 건강하기로 소문나 있고, 누구나 선망하는 교회이다. 그런데 대학부 수련회 때에서 "술을 마셔도 되느냐, 안 되느냐"를 주제로 대학부 지체들이 매우 진지하게 토론을 벌였다고 한다. 그들은 오랜 시간 진지하게 토론한 끝에 어렵게 결론을 내렸다고 하는데, 나는 이런 생각이 들었다.

"이제 술 문제가 수련회의 토론 주제가 되는구나."

그 자체가 충격이었다.

지금 이 시대 교회의 중학생, 고등학생, 대학생들의 모습을 보면 크게 두 가지 사역의 어려움이 떠오른다. **첫째**, 교회에 출석하고 있는 학생들의 믿음이 매우 약하다는 점이다. 목회데이터 연구소의 자료에 따르면, 코로나 이후 청소년들의 신앙이 약화되었다고 답한 사례가 많다. 기독 청소년 절반은 하루에 5분도 신앙생활을 하지 않는다고 한다. 더 심각한 문제는 기독 청소년의 1/3이 성인이 되면 교회를 떠날 수 있다고 답했다는 점이다. 대학생들의 상황도 이와 다르지 않다. 지난 10년 사이 대학생들의 예수님을 영접하는 비율이 절반으로 줄었으며, 교회를 나가지 않는 가나안 성도의 비율은 "42%"에 달하고 있다.

둘째, 중·고·대학생들의 교회 출석률이 현저히 감소하고 있다는 점이다. 예장 통합 측 보고서에 따르면, 지난 10년 동안 교회의 중·고등부 출석률은 38%나 감소했다. 또한, 현재 대학생 중 기독교인 비율이 "14.5%"에 불과하며, 이 수치는 지난 10년간 계속 감소하고 있다.

이런 대위기 상황 속에서 교회의 중·고·대 목회와 사역을 위한 대안과 방향성을 몇 가지 제시하고자 한다.

2. 중·고·대 목회와 사역의 출발점은 교육철학이다!

많은 중·고·대 사역자들을 보면 해당 사역의 출발점이 대동소이하다. 처음부터 해당 사역에 대한 비전이 있어서 나름대로 준비하고 노력하며 시작한 경우도 있지만, 교회의 상황에 따라 뜻하지 않게 사역을 맡게 된 경우도 많이 있다. 현장에서 사역을 계속하다 보면 나름의 노하우가 생기고, 그 방향으로 사역을 이어가는 경우가 꽤 많이 있다. 하지만 정확한 목회 철학과 교육 철학 없이 사역하는 경우가 종종 발생한다.

교육철학이란 "교육이 무엇이며, 어떻게 진행되어야 하며, 교육의 목표와 목적과 방법을 제공해 주는 것"이다.[1] 즉, 교육철학은 왜 이 사역을 해야 하는지에 대한 답을 주고, 사역의 궁극적인 방향과 목표를 제시하기 때문에 매우 중요하다. 교육철학이 없으면 매년 사역이 뒤죽박죽이 되어 학생들과 교사들 모두에게 혼선을 줄 수 있다.

---

[1] 마이클 J. 앤서니, 『기독교 교육 개론』, 정은심 옮김 (서울: 기독교문서선교회, 2022), 99.

가. 우리 부서의 교육철학을 만들기 위해 필요한 부분

첫째, 우리 부서를 정의하라!

교회마다 부서에 대한 정의는 다를 수 있다. 우리 부서가 어떤 부서인지, 명확하고 정확한 표현으로 정의되어야 한다. 예를 들면, 다음과 같다. "청암교회 중고등부는 13-19세 청소년들을 주님께 인도하고, 예배와 성경 공부를 통해 지상 대명령을 실천하며, 예배, 교제, 사역, 양육, 전도에 힘쓰는 기관이다."

둘째, 우리 부서의 위치와 역할을 정의하라!

교회 안에서 우리 부서가 어떤 위치에 있으며, 어떤 역할을 하는지에 대한 명확한 정의가 필요하다.

셋째, 우리가 믿는 것이 무엇인지를 밝혀라!

이 부분은 교단마다 신조나 신학이 명확하게 정리되어 있을 것이다. 이를 중·고·대학생들에게 맞는 언어로 풀어 설명하면 좋을 것이다.

넷째, 우리 부서 사역의 궁극적 목표를 밝혀라!

교회마다 사역의 방향성은 다를 수 있다. 따라서 우리 교회 안에서 부서가 어떤 방향과 목표를 지향하며 나아가는지를 분명히 밝혀야 한다.

나. 교육철학 샘플

모든 청소년에게 예수 그리스도를 알게 하고 (Be a Christian),

그들을 예수 그리스도의 제자로 삼고 (Be a Disciple),

그들로 하여금 하나님 나라의 일꾼이 되도록 한다 (Be a Minister).

(1) 신자화 (Be a Christian)

크리스천의 80% 이상이 20세 이전에 회심을 경험하며, 많은 이들이 13세 이후, 즉 청소년기에 강력한 영적 체험을 하고 있다. 현재 대한민국 청소년 중 13%만이 기독교인으로 신앙을 고백하고 있으며, 나머지 77%의 불신자 청소년들은 여전히 복음이 필요한 상태이다. 청소년기는 복음의 최고 황금어장이라 할 수 있다. 따라서 청소년 사역자는 이 땅의 수많은 청소년을 먼저 주님께로 인도하는 사명을 감당해야 한다.

* 실천목표: 전체 학생의 90% 이상 수련회 참석하기

(2) 제자화 (Be a Disciple)

현재 대한민국 청소년들의 신앙 상태는 매우 낮은 수준으로 나타나고 있다. 교회에 출석하는 학생들 중 70%가 꾸준한 기도생활을 하지 않으며, 50% 이상은 한 번도 큐티를 해 본 적이 없다. 또한 70% 이상의 학생들은 교회에서 진행하는 영적 프로그램에 거의 참여하지 않고 있다. 따라서 청소년 사역자는 교회에 출석하는 학생들을 영적으로 훈련시켜 반드시 그리스도의 제자로 세워야 한다.

* 실천목표: 전체 학생의 60% 이상 제자 훈련 참여하기

(3) 일꾼화 (Be a Minister)

고등학교 졸업과 동시에 80% 이상의 학생들이 교회를 떠나고 있으며, 교회는 더 이상 젊은 세대에게 관심과 흥미를 주지 못하고 있다. 이러한 문제는 학생들이 고등학교 시절에 신앙의 깊이를 체험하지 못했고, 하나님 나라의 일꾼으로 준비되지 않았기 때문이다. 따라서 청소년

사역자는 학생들이 고등학교를 졸업하기 전까지 세상 속에 나가 세상을 변혁할 수 있는 하나님 나라의 역군으로 준비될 수 있도록 양육해야 한다.

*실천목표: 전체 학생의 40% 이상 사역팀 동참하기

3. 중·고·대 사역에서 가장 중요한 부분은 예배다!

현재 대한민국 청소년 주일 예배의 모습은 심각하다. 열정도, 열심도 없는 아이들은 마치 죽은 듯이 앉아 있고, 교사들은 그저 그러려니 하며 지켜볼 뿐이며, 사역자는 혼자 원맨쇼를 하고 있는 상황이다. 대학·청년부의 예배는 조금 다르지만, 깊이 들어가 보면 큰 차이가 없다고 생각한다.

목회데이터 연구소에 따르면, 청소년들의 24%는 예배가 지루하다고 느끼고 있으며, 예배와 설교를 통해 변화를 다짐한 경험이 있는 청소년은 28%에 불과하다. 무엇보다도 믿음이 자리 잡기 위해서는 설교 시간이 매우 중요한데, 예배 중 설교를 기대하는 학생들의 비율은 14%밖에 되지 않았다.

주일 예배에서 학생들의 모습을 크게 두 가지로 비유할 수 있다.

첫째, '로봇'과 같다.

오늘날 AI 시대 로봇은 매우 스마트하지만, 옛날 로봇을 떠올리면 명령대로만 움직인다. 찬양할 때 "일어서세요" 하면 모두 일어서고, "앉으세요"하면 모두 앉는다. 자발적인 열정과 열심은 전혀 찾아 볼 수 없다.

둘째, '좀비'와 같다.

이 표현은 실제로 학생들이 영적으로 죽어 있다는 것을 의미한다. 많은 학생들이 토요일 밤부터 심야까지 휴대폰으로 시간을 보내고, 지친 상태로 좀비처럼 교회에 온다. 이런 상황에서 예배에 집중하는 것은 불가능하다. 진짜 문제는 교역자도, 교회도 이 상황을 해결할 방법을 모르고 있다는 것이다.

미국 유학 시절, 미국 교회에 가서 깜짝 놀랐던 것은 중·고·대학생들의 예배 태도였다. 우리처럼 지각하는 학생은 거의 찾아보기 힘들었고, 지극히 평범한 주일 예배였음에도 많은 학생들이 성령의 임재를 경험하고 있었다. 그들의 예배는 우리가 드린 예배와는 차원이 달랐다.

지금 대한민국 중·고·대 사역의 가장 큰 문제를 꼽으라면, 예배를 말하고 싶다. 과연 '우리 학생들이 드리는 것이 진정한 예배인가?'라는 고민을 먼저 해 볼 필요가 있다. 요한복음 4장 24절에서 "영과 진리로 예배하라"고 분명히 말씀하셨는데, 오늘날 우리의 교회 안에 이러한 모습이 과연 있는가를 돌아보아야 한다. 목회데이터 연구소에 따르면, 청소년들이 예배에서 기대하는 것의 1순위가 친구와의 교제였고, 2순위가 찬양이었다. 그러나 예배에서 중요한 말씀을 기대하는 학생은 "14%"에 불과했다.

중·고·대 사역의 성패는 예배에 달려 있다. 예배를 바로 세우지 못하면 다른 것에 아무리 힘을 쏟아도 결국 무용지물이 될 것이다.

가. 우리 부서의 예배를 진단하라!

시역자는 주관적으로 부서 예배를 평가할 수 있기 때문에, 객관적인 진단이 필요하다. 다음 질문은 예배를 진단하는 데 도움이 될 것이다.

1. 학생들에게 사모하는 마음이 있는가?
2. 지각을 하지 않는가?
3. 예배 시간에 딴짓을 하지 않는가?
4. 예배를 위해 얼마나 기도하고 있는가?

필요하다면 예배 준비, 찬양, 설교, 분반 공부 등 세부적인 요소에 대해 설문 조사를 직접 진행하는 것을 추천한다. 이후 사역자와 교사들, 그리고 리더들이 함께 우리 부서 예배의 상태를 정확히 파악해야 한다. 그런 다음, 예배를 살리는 방법에 대해 깊이 논의해야 한다.

나. SSS 원리를 실현하라!

SSS 원리는 필자의 저서 『중고등부 믿음으로 승부하라』에서 주장한 바 있다. 이를 간략히 정리하면 다음과 같다.

SSS는 "Something Special Every Sunday" (매주 특별함을 보여줘라)의 약자이다. 이는 중·고·대 학생들이 교회를 올 때 기대감을 심어 주자는 뜻이다. 매주 똑같고 평범하며 진부한 예배가 아닌, 특별한 예배를 꿈꾸자는 것이다. 청소년 사역 시절, SSS 원리를 바탕으로 예배에 집중했더니 학생들의 예배에 대한 만족도는 98% 이상에 이르렀다. 학생들이 가장 좋아하는 시간은 설교와 찬양이었다. 이렇게 되면 믿음이 자랄 수밖에 없고 교육부서는 자연스럽게 성장할 수밖에 없다고 확신한다.

첫째 원리: 일사각오의 기도

예배는 영적인 활동이기 때문에 기도가 절대적으로 중요하다. 청소년 사역 시절, 한 번의 예배를 위해 네 번의 기도회를 가졌다. 토요일 저녁 기도회, 주일 예배 시작 2시간 전 기도회, 1시간 전 기도회, 그리고 예배 후 기도회가 있었다. 기도에 올인하면 그 예배는 성공할 수밖에 없다.

둘째 원리: 한 가지 주제

예배를 디자인할 때 여러 팀이 각기 따로 움직이는 것이 아니라, 하나의 주제로 통일해야 한다. 주일 설교, 찬양, 분반 공부가 모두 같은 주제로 연결되도록 디자인했다.

셋째 원리: 커리큘럼이 있는 설교

설교를 매주 임의로 선택하지 않았다. 학생들이 6년 동안 균형 있게 말씀을 배울 수 있도록 디자인했다.

- 매해 첫 5주는 신앙의 기본 코어를 주제로 설교했다.
- 여름철에는 성과 이성 교제에 대한 시리즈 설교를 진행했다.
- 1학기, 2학기를 나누어 구약과 신약에서 각각 한 권씩 설교했다.

이렇게 함으로써 학생들이 우리 부서를 졸업할 때 최대한 많은 성경을 배울 수 있도록 커리큘럼화했다.

넷째 원리: 살아 움직이는 찬양

중·고·대 예배에서 찬양이 차지하는 비중은 매우 크다. 따라서 찬양이 살아 있지 못하면 그 예배는 죽는다고 해도 과언이 아니다. 찬양팀을 잘 세우는 것이 중요하다. 또한 찬양팀을 영적으로 인도할 수 있는 영성 있는 평신도 지도자가 필요하다. 찬양팀은 단순히 찬양 시간에만 필요한 팀이 아니라, 부서의 영적 핵심 코어라는 마음으로 나아가야 한다.

다섯째 원리: 역동성

중·고·대 예배에서 중요한 것은 역동성이다. 예배가 지지부진하거나 중간에 끊어지면 안 된다. 또한 찬양이 지나치게 잔잔해서도 안 된다. 청소년들의 발달 특성 자체가 역동적이기 때문에, 예배는 반드시 그들의 필요를 채워야 한다.

여섯째 원리: 재미

여기서 "재미"란 단순히 웃고 즐기는 것을 의미하지 않는다. 동기부여가 핵심이다. 설교를 시작할 때 유머 코드를 활용해 동기부여를 해 주면, 청소년들의 마음이 열린다. 또한 재미는 소통을 뜻한다. 소통이 잘될 때, 청소년들은 재미를 느낀다. 설교를 비롯한 예배의 여러 요소에 유쾌함과 소통의 재미를 더하면 예배는 반드시 살아날 것이다.

일곱째 원리: 한 번 이상의 예배

중·고·대 학생들의 삶이 아무리 바쁘더라도 주일 예배 외에 다른 예배에 참여할 때 믿음이 성장하게 된다. 필자는 학생들이 새벽 예배에 참여하도록 권유했고, 평일 어른들 집회에도 참여하게 유도했다. 그 결과 학생들은 영적으로 성장했다.

이렇게 예배에 집중했더니 학생들로부터 감동적인 문자가 온 적이 있다. 중학교 1학년 학생은 이렇게 보냈다. "목사님, 오늘 말씀 주옥같았어요. 말씀에 너무 큰 감동을 받았어요. 앞으로도 이런 설교를 기대할게요." 또 중학교 3학년 학생은 이렇게 말했다. "목사님께서 주신 말씀이 일주일 동안 사는 데 힘이 됩니다. 힘들 때마다 목사님께서 전해 주신 말씀을 기억하며 견뎌내고자 합니다."

만약에 여러분의 교회 중·고·대 학생들로부터 이런 연락이 온다면, 이미 그곳에는 부흥이 임한 것이다. 중·고·대 학생들의 믿음을 성장시키고 부서를 부흥시키는 가장 중요한 열쇠는 예배이다.

4. 중·고·대의 진정한 성장의 열쇠는 양육이다!

보통 사역자들이 사역에 어려움을 겪으면, 프로그램으로 해결하려고 한다. 한때 한국 교회에서는 문화상품권이 남발되었던 시기가 있었다. 무슨 일이든 문화상품권을 주었고, 심지어 연말에 남은 부서 재정을 모두 문화상품권으로 바꾸는 교회도 있었다. 그러나 프로그램은 한시적이며 유행을 타기 때문에, 결코 지속적인 성장을 이룰 수 없다. 건강한 부서의 성장을 위해 필요한 것은 양육이라고 확신한다. 평생 청소년 사역을 해 온 손종국(2001)은 청소년을 제자로 삼는 훈련 과정은 전인 교육의 필수과정이라고 말했다. 이는 하나님께서 창조하신 대로 인간의 본모습을 실현하려면 양육이 필수적이라는 뜻이다. 또한 많은 대학생들은 제자훈련이라고 불리는 양육 과정이 자신의 인생에서 터닝 포인트가 되었다고 고백한다. 이렇게 볼 때, 중·고·대 사역에서 양육은 필수적이라 할 수 있다.

가. 양육의 목표를 세우라!

양육에서 가장 중요한 것은 목표이다. 쉽게 말하면, "왜 양육을 하는가?"에 대한 답이다. 청소년 사역을 할 때 양육을 시작하게 된 배경이 있다. 여러 사역의 방법론이 통하지 않아 기도로 엎드렸을 때, 하나님께서 주신 응답은 "기본으로 돌아가라"였다. 그래서 기도와 말씀이라는 기본에 충실한 사역을 시작했다. 처음에는 '이 방법이 과연 통할까' 하는 의구심이 있었지만, 금세 깨달음을 얻었다. 학생들이 예상보다 잘 따라왔고, 기도와 말씀이 매일 습관화되면서 영적으로 바로 서기 시작했다. 그 결과 예배가 회복되었고, 믿음이 흔들려 쉽게 교회를 떠나는 학생들도 사라졌다. 그 때 깨달았다. "양육이 되면 부서가 영적으로 든든히 서는구나."

중·고·대학생들에게 양육은 영적인 루틴화 작업이다. 사람은 공기와 밥 없이는 살 수 없듯이, 성도는 기도와 말씀 없이는 살 수 없다. 만약 기도와 말씀 없이 살아간다면, 겉은 살아 있는 것처럼 보여도 속은 죽어 있는 것이다. 내가 세웠던 목표는 학생들의 삶에 기도와 말씀이 완전히 습관화되도록 하는 것이었다. 누가 뭐라 해도 어디서든 기도하고 말씀을 묵상할 수 있는 학생들을 만드는 것이 목표였다. 이렇게 습관화되면, 고등학교를 졸업하고 대학에 가서도 믿음이 흔들리지 않는다. 대부분 학생들이 대학에서 '자유'를 경험하며 교회를 떠나는 경우가 많지만, 기도와 말씀이라는 두 축이 학생들을 단단히 붙잡아 주면 어떤 상황에도 흔들리지 않는 모습을 보았다. 양육의 목표는 늘 영적 루틴화였다.

나. 양육의 핵심을 분명히 하라!

필자는 양육을 매우 단순하게 접근했다. 어떤 목회자들은 양육과 성경 공부를 혼동하여 양육을 시작할 때 먼저 교재를 찾는다. 그러나 양육에서 가장 중요한 것은 인도자의 흔들리지 않는 영적인 모습과 방향성이다. 양육은 교재로 하는 것이 아니다.

양육의 핵심을 다음과 같이 정의할 수 있다.

첫째, 양육의 핵심은 인도자다.

양육에서 중요한 것은 교재가 아니라 '누가 인도하느냐'이다. 보통은 담당 사역자가 인도를 맡는다. 사역자가 없는 교회의 경우에는 부장 집사나 교사가 인도할 수 있다. 중요한 것은 학생들과 영적으로 소통할 수 있는 준비된 인도자가 필요하다는 점이다.

둘째, 학생들과의 소통 능력이 중요하다.

양육의 인도자는 단순한 성경 공부 인도자가 아니라, 학생들과 삶을 공유할 수 있는 사람이어야 한다. 변화를 경험한 학생들을 보면 대부분

인도자의 영향을 받았다는 것을 알 수 있다. 이 부분은 예수님의 제자 훈련에서 잘 나타난다. 예수님은 3년 동안 12명의 제자를 키워내셨다. 예수님은 교재로 훈련하지 않으셨다. 오히려 삶으로 제자들을 훈련하셨고, 그분의 삶이 제자들에게 영향을 준 것이다.

셋째, 양육은 기도와 말씀에 집중하면 된다.

양육의 가장 중요한 핵심은 학생들이 기도와 말씀의 사람이 되는 것이다. 다른 책을 통해 지식을 쌓는 것보다 신앙의 기본기를 세우는 것이 양육의 본질이다. 따라서 매일 기도하고 말씀 안에 거하는 인생을 만드는 데 전력을 다해야 한다. 학생들에게 이러한 훈련을 통해 영적인 루틴이 형성되면, 그들의 신앙은 더욱 견고해질 것이다.

다. 양육에는 반드시 성장이 따른다!

학생들에게 기도와 말씀의 훈련을 집중적으로 시켰더니, 고등학생들 중 일부는 학교에 도착하자마자 하루를 기도와 말씀으로 시작하는 모습이 생겨났다. 이러한 학생들은 영적인 내공이 커지면서 많은 후배들에게 선한 영향력을 끼쳤다. 그 영향을 받은 중학생들도 학교에서 기도와 말씀을 시작했고, 심지어 초등학생들까지 이를 따라 하기 시작했다. 이렇게 영적으로 든든히 선 학생들이 교회 안에 있으면, 해당 부서는 영적으로 단단해진다.

여름 수련회에서는 앞자리를 차지하려는 학생들이 많았다. 그중에서도 양육 받은 학생들은 저녁 식사를 금식하며 줄 서서 기다리기도 했다. 그런데 단순히 줄을 서는 데 그치지 않고, 줄 선 채로 통성 기도로 예배를 준비하였다. 매번 이런 모습이 이어졌다. 이렇게 영적으로 성장한 학생들은 나중에 교사, 청년부 임원, 리더로 섬기게 되었다. 양육은 반드시 성장을 만들어 낸다.

라. 양육 과정 샘플

(1) 양육 과정 신청 가능자
- 구원의 확신이 있는 자
- 예배에 정기적으로 출석하는 자
- 훈련 시간 동안 성실히 참여하며, 숙제를 할 수 있는 자

(2) 양육 과정 소개

단계	특징	모임 시간
0단계	큐티 배우기 (4주)	토요일 오전 10시
1단계	제자훈련 시리즈 1권 (고신)	토요일 오전 10시, 오후 2시
2단계	제자훈련 시리즈 2권 (고신)	토요일 오후 2시
3단계	제자훈련 시리즈 3권 (고신)	토요일 오후 2시
4단계	제자훈련 시리즈 4권 (고신)	토요일 오후 2시
5단계	영적 성숙과 변화	토요일 저녁 8시

(3) 양육 과정 진행 안내
- 1년에 4회, 6주씩 진행 (3월, 7월, 9월, 1월)
- 각 단계를 이수하면 상위 과정으로 진급

- 사역 팀 봉사를 위한 필수 코스

5. 중·고·대학생들을 사역자로 만들라!

잭슨(2003)은 예수님 주변의 그룹이 항상 군중에서 시작해 모임, 헌신자, 그리고 생산자로 발전했다고 주장한다. 따라서 부서가 잘 진행되고 있다면, 반드시 군중-모임-헌신자-생산자 과정이 나타난다고 강조한다. 그는 또한 사역이란 하나님을 위해 학생들과 함께 일하는 것을 의미한다고 설명한다. 만약 당신의 사역 안에 함께 사역하는 학생들이 없다면, 이는 사역의 방향이 잘못되고 있다는 신호일 수 있다. 건강한 교육부서 사역에는 반드시 시간과 에너지를 투자하며 사역에 참여하는 중·고·대학생들이 존재해야만 한다.

가. 중·고·대학생들에게 은혜가 임하면 사역의 주체가 된다

누구나 교회 학생들을 사역자로 세우고 싶어 한다. 그런데 어떻게 이것이 가능할까? 로봇처럼 무기력하고 좀비 같은 학생들을 어떻게 사역자로 변화시킬 수 있을까?

학생들이 은혜를 받으면 움직이게 된다. 그리고 그 변화의 핵심은 수련회에 있다. 수련회에서 은혜를 경험하면, 주님을 위해 무언가를 헌신하고자 하는 마음이 생긴다. 따라서 교회의 수련회는 매우 중요하다. 겨울과 여름에 열리는 두 번의 수련회는 중·고·대학생들이 은혜로 충만해지는 시간이 되어야 한다. 수련회 마지막 날에는 학생들에게 교회 사역을 소개하고 사역에 동참하도록 권면할 수 있다. 그렇게 하면 많은 학생들이 사역에 참여하게 되고, 단순히 교회의 방관자가 아닌 주인공으로 설 수 있게 된다.

나. 진짜 학생과 가짜 학생을 구별하라

23년간의 청소년 사역에서 가장 어려웠던 점 중 하나는 진짜 학생과 가짜 학생을 구별하는 일이었다. 사역자는 반드시 영적인 분별력을 가져야 한다. 학생들 중 누가 진짜인지, 누가 가짜인지를 찾아내야 한다. 왜냐하면 가짜가 부서의 중심에 서게 되면, 교육부서는 금방 무너질 위험이 있기 때문이다. 교회에서는 얼마든지 가짜가 주도권을 잡을 수 있다. 단지 성격이 활달하거나 열정적으로 보이면, 진짜로 오인하기 쉽다. 이런 인기만으로 교회 회장이나 임원이 되는 구조는 흔하다. 그러나 이러한 상황이 반복되면 부서는 결국 한순간에 무너질 수 있다.

필자는 진짜 학생과 가짜 학생을 구별하기 위해 양육 과정을 활용했다. 기도와 말씀이라는 영적 훈련이 병행되면, 학생이 진짜인지 가짜인지 쉽게 구별할 수 있었다. 실제로 학생들 중에는 교회에서 찬양팀 활동은 하고 싶어도, 기도와 말씀에는 전혀 관심을 보이지 않는 경우가 있었다. 찬양할 때의 느낌과 감정을 좋아할 뿐, 하나님을 사랑해서 찬양하는 것이 아닌 경우도 있었다. 이러한 이유로 필자는 양육 과정을 통과한 학생들만 사역을 통해 봉사할 수 있도록 했다. 이는 단순히 활동하는 학생이 아니라, 진정한 믿음의 사역자로 세우기 위한 중요한 기준이었다.

다. 사역팀을 잘 만들면 하나의 가족 공동체가 된다

교회의 가장 이상적인 모습은 가정과 같은 공동체라고 생각한다. 예배를 통해 은혜를 체험하고 충분히 양육 받은 학생들이 헌신의 마음으로 사역팀에 들어오게 되면, 팀원들 간의 유대감이 금방 끈끈해진다. 이러한 사역팀은 믿음의 기본 이상을 가진 학생들의 모임이기 때문에 팀워크가 매우 견고해진다. 때로는 가정에서 사랑을 충분히 받지 못한 학생들이 교회 사역을 통해 사랑을 경험하기도 한다. 특히 결손 가정 출신의 학생들을 교회 안에서 조금만 잘 돌보고 이끌어주면, 사역팀이 따뜻한 보금자리가 될 수 있다. 사역팀의 교사는 학생들에게 영적 부모와 같은 역할을 감당할 수 있다. 이러한 모습이야말로 성경적인 공동체의 이상적인 모습일 것이다. 믿음과 사랑이 함께 공존하는 사역팀은 중·고·대학생들에게 가장 이상적인 공동체라고 할 수 있다.

라. 사역은 늘 평가가 필요하다

사역팀이 잘 운영되다가도 중간에 어려움을 겪는 경우가 있다. 따라서 사역팀에 대한 평가는 항상 필요하다. 특히 연말마다 다음과 같은 질문을 던져 점검해 볼 수 있다.

1. 사역팀에 봉사하는 학생들의 숫자는 증가하고 있는가?
2. 사역팀에 봉사하는 학생들은 영적으로 성장하고 있는가?
3. 올해 얼마나 다양한 사역 활동이 시도되었는가?

4. 우리 부서 전체에 사역팀들이 어떤 영향을 미쳤는가?

이러한 질문을 통해 사역팀의 현황을 점검하고 앞으로의 방향성을 설정할 수 있다.

마. 사역팀 샘플

인원, 찬양팀, 스킷팀, 워십팀, 스포츠팀, 중보기도팀, 봉사팀, 오케스트라팀

6. 중·고·대 목회 사역 방향

"중·고·대 목회, 정공법(正攻法)으로 사역하라!"

많은 이들이 다음 세대 사역이 점점 더 어려워지고 있다고 말한다. 그러나 과연 다음 세대 사역이 쉬웠던 적이 있었을까? 기원전 1700년경의 수메르 시대의 점토판에는 이미 "요즘 젊은 것들은 버릇이 없다"라는 기록이 남아 있다. 이는 방법과 환경의 차이일 뿐, 중·고·대학생의 사역은 언제나 도전적이었다고 볼 수 있다. 필자는 지난 23년 동안 현장에서 사역해 왔고, 지금도 외부 집회를 통해 학생들을 만나고 있다. 학생들이 달라진 것처럼 보이지만, 본질적으로 동일한 점도 많다는 것을 느낀다. 결론적으로 중·고·대 사역에는 정공법이 필요하다. 예배, 양육, 사역이라는 기본기에 충실하다면, 이 시대에도 충분히 좋은 사역의 열매를 맺을 수 있다고 확신한다. 시대가 변하더라도 기본에 충실한 사역은 변함없는 해답을 제공한다.

중·고·대, '교육 사역' 이렇게 하라

이현철 교수 • 고신대학교

1. 다음 세대, 신앙 교육의 슬픈 현실

다음 세대 사역자:

솔직히 답답한 상황이지요. 나름대로 치열하게 한다고 했는데… 어디서부터 어떻게 해야 할지 막막하기도 하고, 특히나 코로나를 거치면서 기존에 진행했던 사역과 플랫폼이 완전 무너졌어요. 진행 자체가 힘들었지요. 적응해 나가면서 교사들과 다양한 시도를 했지만… 잘 아시듯이 한계가 있더라구요. 교회도 그렇고, 부모님들도 바라보면 그렇고, 어떻게 풀어 가야 할지 고민만 하고 있습니다. 제 동기들도 비슷한 상황이구요.

사역자와의 인터뷰 일부

대학생:

제가 신앙에 대해 가지는 질문에 대해 교회나 신앙공동체에서 정확한 답을 얻지 못하고 있습니다. 제가 찾고 노력해야겠지만 그 과정을 교회가 함께할 수 있어야 하는데 그렇지 못한 상황인 것 같습니다. 뭔가 동떨어진 느낌….

청소년:
학교 친구들과 교회에 대해 거의 이야기해 본 적이 없습니다. 교회에 다니는 친구가 적은 것도 그렇지만 코로나 때문에 이미지가 안 좋아진 것도 사실입니다. 그러다 보니 저도 자연스럽게 부담스럽고….

다음 세대와의 인터뷰 일부

코로나19 이후, 한국 교회 다음 세대의 신앙 교육은 성공적으로 진행되고 있을까? 한국 교회 다음 세대는 신앙에 있어, 교회에 있어, 성숙한 모습으로 성장하고 있을까? 이러한 질문이 꼬리에 꼬리를 물면, 가슴이 답답해지는 것이 사실이다. 물론 본질적으로 하나님께서 한국 교회 다음 세대를 주권적으로 책임지시고 선하게 인도할 것이라는 확신은 변함이 없다. 그러나 다음 세대 신앙 교육에 있어, 우리의 책임과 의무를 성실하게 이행하고 있는가에 대해서는 확신하기 어려운 것이 현실이다.

실제로 코로나19가 시작된 시기부터 엔데믹 이후 시기까지 SFC를 중심으로 다양한 연구자들이 수행한 실증적 데이터 결과와 분석은 다음 세대 신앙 교육에 대한 슬픈 현실을 여과 없이 보여 주고 있다.

가장 최근 SFC는 전국을 5개 권역으로 구분해 수도권(서울, 경기, 인천), 충청권(충청, 세종), 호남제주권(전라, 제주), 대경강원권(대구, 경북, 강원), 동남권(부산, 울산, 경남)에 거주하는 청소년 635명(남: 299 여: 336)

을 대상으로, 그들의 교회에 대한 인식과 신앙 관련 사항을 설문 조사
했다(이현철·허태영·안성복·김종용·백경태·최한림·김대호, 2024). 조사 결과
는 충격적이었다. 다음 세대의 삶 속에서 교회와 신앙적 요소들이 어떠
한 영향력도 주지 않고 있음을 응답해 주었기 때문이다. 아래의 표는
학교 급별로 교회에 대한 인식 사항인데 대부분이 1점대와 2점대의 부
정적인 인식을 보여 주고 있다.

<표 1> 학교급별 교회의 영향력에 대한 집단 간 차이 분석

구분		평균	표준편차	F
교회는 나의 학교생활에 영향을 준다	중학교(a)	2.246	1.0251	6.966** a>b,c
	고등학교(b)	2.094	.9590	
	기타(c)	1.556	.6980	
교회는 나의 부모관계에 영향을 준다	중학교(a)	1.906	.9867	2.098
	고등학교(b)	1.835	.9976	
	기타(c)	1.519	.7000	
교회는 나의 교우관계에 영향을 준다	중학교(a)	2.205	1.0227	4.518* a>b,c
	고등학교(b)	2.187	1.0453	
	기타(c)	1.593	.8439	
교회는 나의 진로결정에 영향을 준다	중학교(a)	2.645	1.0928	11.091** a>b,c
	고등학교(b)	2.476	1.1513	
	기타(c)	1.630	.7917	
교회는 나의 신앙생활에 영향을 준다	중학교(a)	1.560	.7708	6.086* a>b,c
	고등학교(b)	1.419	.6460	

교회는 나의 성경공부 흥미를 자극한다	기타(c)	1.148	.4560	.897
	중학교(a)	2.287	.9669	
	고등학교(b)	2.243	.9601	
	기타(c)	2.037	.9799	
교회는 내가 정통적인 교리를 이해하는 데 도움을 준다	중학교(a)	2.091	.8914	2.012
	고등학교(b)	2.034	.9067	
	기타(c)	1.741	.8130	

* p<.05, ** p<.001, 사후분석 Scheffe

[자료출처] 이현철 외, 『청소년을 말하다: 교회편』 (서울: SFC, 2024), 97-98.

다음 세대 교회에 대한 인식을 확인하고 SFC는 좀 더 심층적으로 질문을 던져보았는데 바로 교회와 신앙에 대한 의향을 질문해 보았다. 예를 들면, '나는 향후 다른 교회로 옮길 의향이 있다, 나는 향후 신앙생활을 포기할 의향이 있다, 나는 목회자로 인해 교회를 떠나고자 고민해 본 적이 있다, 나는 목회자의 비윤리적 행동 때문에 교회를 떠나고자 고민해 본 적이 있다' 등과 같은 질문을 수행하여 다음 세대의 인식의 흐름을 파악해 보고자 한 것이다. 그 결과는 앞서 언급된 교회의 영향력과 관련된 맥락의 인과성을 확인해 주었으며, 교회와 신앙적 가치에 대한 다음 세대의 부정적인 인식과 고민이 포착된 것이다. 해당 사항을 살펴보면, '나는 향후 다른 교회로 옮길 의향이 있다, 나는 향후 신앙생활을 포기할 의향이 있다, 나는 목회자로 인해 교회를 떠나고자 고민해 본 적이 있다, 나는 목회자의 비윤리적 행동 때문에 교회를 떠나고자 고민해 본 적이 있다' 등과 관련된 교회 및 신앙적 가치에 대한 인식과 고민에 대하여 대부분이 4점대 인식, 즉 "그렇다, 그렇게 생각한다"와 같은 인식을 보이고 있으며, 간혹 3점대의 "보통이다"의 내용이 확인될 뿐이다.

<표 2> 학교급별 교회와 관련된 인식과 고민에 대한 집단 간 차이 분석

구분		평균	표준편차	F
나는 향후 다른 교회로 옮길 의향이 있다.	중학교(a)	3.880	1.1531	2.606
	고등학교(b)	3.659	1.2324	
	기타(c)	3.741	1.1298	
나는 향후 신앙생활을 포기할 의향이 있다.	중학교(a)	4.317	1.0114	1.165
	고등학교(b)	4.326	1.0807	
	기타(c)	4.630	.7415	
나는 목회자로 인해 교회를 떠나고자 고민해본 적이 있다.	중학교(a)	4.282	1.0613	.904
	고등학교(b)	4.322	1.0229	
	기타(c)	4.037	1.3440	
나는 목회자의 비윤리적 행동 때문에 교회를 떠나고자 고민해본 적이 있다.	중학교(a)	4.411	.9800	.790
	고등학교(b)	4.476	.9065	
	기타(c)	4.259	1.2888	
나는 목회자의 설교 때문에 교회를 떠나고자 고민해본 적이 있다.	중학교(a)	4.422	.9870	.443
	고등학교(b)	4.479	.9230	
	기타(c)	4.333	1.0742	

나는 신앙 자체에 대한 회의감이 들어 교회를 떠나고자 고민해본 적이 있나.	중학교(a)	4.205	1.0760	2.049
	고등학교(b)	4.030	1.2651	
	기타(c)	3.926	1.4392	
나는 교회의 문화 때문에 교회를 떠나고자 고민해 본 적이 있다.	중학교(a)	4.305	1.0769	1.557
	고등학교(b)	4.169	1.1461	
	기타(c)	4.037	1.3723	
나는 나의 교회부서(중고등부)로 인해 교회를 떠나고자 고민해본 적이 있다.	중학교(a)	4.334	1.0681	.713
	고등학교(b)	4.296	1.1333	
	기타(c)	4.556	.8473	

* $p<.05$, ** $p<.001$, 사후분석 Scheffe

[자료출처] 이현철 외, 『청소년을 말하다: 교회편』 (서울: SFC, 2024), 117-119.

SFC의 연구 결과는 다음 세대 신앙 교육의 슬픈 현실을 보여 주고 있다. 코로나19 이후 다음 세대 신앙 교육에 실패한 한국 교회의 모습이 실증적인 결과를 통해서 확인되고 있는 것이다. 다음 세대의 신앙 교육이 어디에서부터 어떻게 잘못된 것이며, 이를 개선하기 위해 우리는 무엇을 해야 할지 고민해야 할 상황인 것이다. 본 절에서는 해당 문제 해결을 위한 방향성으로 다음 세대 신앙 교육을 위한 교육 방법적 변화를 제안하고자 한다. 신앙 교육을 교육학적 용어로 설명하면, 다음 세대가 하나님 앞에서 살아갈 수 있도록 삶의 변화를 이끌어내는 교육 내용인 '교육과정(curriculum)', 다음 세대에게 효과적으로 전하는 '교수(teaching)'과정, 다음 세대의 삶을 변화시키는 '학습(learning)' 과정을 통해서 이루어진다고 볼 수 있다. 이러한 신앙 교육은 '교육과정', '교수', '학습'이 각각 그 온전한 의미를 담아서 합쳐지는 특정한 지점에서 유의미하게 이루어질 수 있을 것으로 예상한다(이현철, 2018). 특히 본 절에서는 교육 방법적 측면에 초점을 맞추어, 다음 세대 신앙 교육의 변화를 위한 구체적인 전략을 제안하고자 한다. 해당 사항의 경우 협의적으로는 다음 세대 신앙 교육과 관련된 개인별/차시별 분반 공부 및 교육 프로그램의 변화를 추구할 수 있을 것이며, 광의적으로는 다음 세대 신앙 교육에 대한 패러다임의 변화까지 아우를 수 있는 주요한 이슈라 판단된다. 다음 세대 사역자들과 교사들은 이를 바탕으로 자신들의 사역 현장에서 교육적 활동의 변화를 추구하길 바란다.

2. 사역자들이 기억해야 할 다음 세대 교육 방법의 원리

다음 세대 교육 방법을 효과적으로 구축하기 위해서는 몇 가지 핵심 원리가 기능적으로 전제되어야 가능하다. 가장 먼저, 사역자들은 성경적 세계관을 모든 활동의 근거이자 기초로 삼아야 하며, 이를 기반으로 철저히 사역해나가야 한다. 사역자들의 교육 방법은 무엇보다도 성경적이어야 하며, 정확무오한 하나님의 말씀에 비추어 진행되어야 한다. 다음으로 사역자들은 학생들이 신앙 교육에 적극적으로 참여할 수 있는 환경을 구성할 수 있는 협동의 원리, 자기주도성의 원리, 역량기반의 원리와 같은 전제들을 이해하고 적용할 필요가 있다. 특히, 다음 세대의 참여와 흥미를 고려한 교육 방법을 지향함에 있어 해당 원리들은 매우 중요하며, 구체적인 수업 전략들의 원리로서 작용할 수 있다. 협동의 원리는 상호의존성을 전제로 한 사람도 예외 없이 중요한 역할을 감당함으로서 공동 목표에 도달하고자 하는 학습 구조이며 원리이다(강용원, 2008). 자기주도의 원리는 다음 세대가 스스로 관리하고 주도하는 것을 강조한다. 이 원리는 학습 목표의 설정, 학습 방법의 선정, 평가에 이르는 학습의 전 과정에서 자신의 역할과 주도성이 중요한 요인으로 작용하는 원리이다(이현철, 2018). 역량기반의 원리는 단순히 다음 세대의 특정한 측면과 능력만을 강조하고 있는 것이 아니라, 개인이 지닌 총체적 능력을 의미하며, 이를 강화할 수 있는 교육 활동을 강조하는 원리이다.

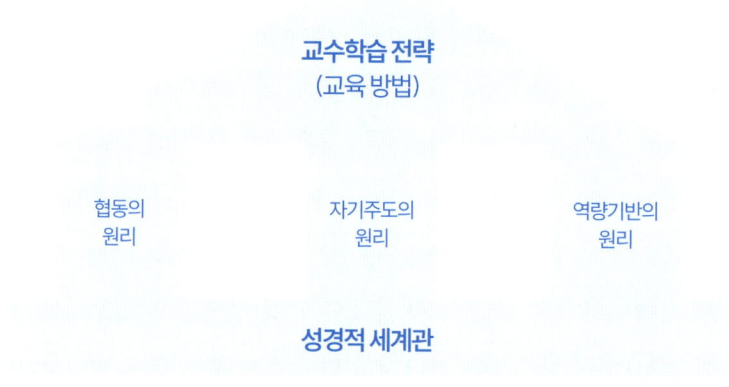

[그림 1] 다음 세대 교육 방법의 핵심 원리(이현철, 2018 재구성)

사역자들은 철저한 성경적 세계관을 바탕으로, 협동, 자기주도, 역량기반의 원리를 적용하며 세부적인 교육 방법과 수업 전략을 구성할 수 있다. 이 과정에서 사역자는 특정 교육 목표를 달성하기 위한 최선의 방법과 전략이 무엇인지 선택할 수 있는 전문성을 갖추어야 한다. 또한 각 교육 방법과 전략의 장점과 단점을 파악하여 이를 적절히 배치할 수도 있어야 한다. 예를 들어, 특정 교육 내용을 지도할 때, 어떤 방법이 교육 목표 달성에 가장 적합하고 효과적인지 사역자가 스스로 선택하고 구성할 수 있어야 한다. 이와 함께, 사역자는 성경적 세계관에 근거하여 각 방법의 범위와 한계를 인식하고, 가장 효과적인 방안이 무엇인가를 판단해 줄 수도 있어야 한다.

3. 다음 세대 교육 방법의 실제: HBLT와 문제기반학습(PBL)을 통한 교육 사역

본 절에서는 다음 세대 교육 방법의 실제로서 다양한 방법 중 대표적으로 HBLT 전략과 문제기반학습(PBL)을 소개하고자 한다. 이 내용은 이현철(2018)의 연구를 기반으로 수정 및 보완한 내용임을 밝혀둔다.

가. HBLT 전략

(1) "목사님! HBLT란 이런 것이랍니다": HBLT의 의미

리차드와 브레드펠트(Richards & Bredfeldt, 1998)는 『창조적인 성경 교육(Creative Bible Teaching)』에서 학습 스타일을 고려해 "Hook-Book-Look-Took"이라는 4단계를 통해 교회학교 수업을 수행할 것을 제안하였다. 이와 관련하여 함영주(2012)는 각 단계의 의미를 다음과 같이 정리하여 교육 현장에서의 적용성을 높였다.

● Hook: 왜(why)

Hook은 학생의 호기심을 자극하는 도입 활동으로, 교육 사역자는 미리 정해 놓은 주제와 일치하는 활동을 시도하는 단계이다. 이 과정을 통해 교육 사역자는 학생들의 주의와 관심을 집중시키며 본격적인 본문의 주제들을 미리 경험하게 한다.

● Book: 무엇(what)

Book 과정은 교육 사역자가 성경 본문에 대한 충분한 지식과 준비를 바탕으로 지도하는 과정이다. 교육 사역자는 주어진 본문의 역사적 배경, 당시의 문화적 특징, 본문에서 지향하는 원리, 오늘날 학생들에게 주는 적용 사항 등을 분석하여 의미 있게 설명해야 한다.

● Look: 어떻게(How)

Look 과정은 Book 과정에서 도출된 원리를 학생들이 직접 체험하도록 하는 단계이다. 여기에서 중요한 것은 학생들의 삶에 실제로 적용될 수 있도록 설계하는 것이다. 단순히 성경적 지식을 전달하는 것을 넘어, Look 과정을 통해 학생들이 삶에서 실제적으로 적용하고 실천할 수 있도록 해야 한다.

● Took: 무엇(What if)

Took 단계는 학생들이 수업과 공과를 마친 후, 자신의 삶의 현장으로 다시 돌아갔을 때 학습 내용과 원리를 응용하도록 돕는 과정이다. 이는 마치 공과의 과제로도 볼 수 있으며, 교육 사역자는 다양한 상황을 가정하여 학생들에게 질문하여 학생들이 응용할 수 있도록 자극하고 도와주어야 한다.

(2) "HBLT의 과정 살펴보기": HBLT의 과정 및 단계별 주안점

함영주(2012)는 Hook-Book-Look-Took의 4단계에 따라 단계별 목표, 교사(교육 사역자)의 역할, 학습의 특징, 학습 방법을 세분화하여 제시하였다. 이를 통해 각 단계에서 집중적으로 다루어야 할 내용과 학습의 특징을 확인할 수 있으며, 관련 효과성을 담보할 수 있는 방법들을 확인할 수 있다.

<표 3> Hook-Book-Look-Took 각 단계에 따른 구분

학습 단계	목표	교사(교육 사역자)의 역할	학습의 특징	학습 방법
Hook	성경공부를 해야 하는 당위성 제시	-학생의 삶과 본문의 주제를 연결시켜주기 -학생들이 당면한 문제가 중요한 이슈이며 성경공부를 통해 반드시 다루어져야 함을 강조하기	-주제와 관련된 학생들의 삶의 문제를 경청하기 -학생들이 가진 문제를 공감하고 공유하기 -대화와 공감을 유도하기 -감정을 솔직히 나누기 -현실의 어려움을 공유하기	-아이스브레이크 -오프닝 -주제 던지기 -토론 -짝대화 -주제 관련 동영상 및 음악 -그림 도입 -유머 -브레인스토밍 -그룹대화
Book	성경본문의 내용을 정확히 이해	-성경공부의 큰 그림을 보여 주기 -세부적인 성경의	-현실의 문제를 성경본문에서 다루고 있음을 보여 주기	-지도 -도표 -강의

		내용들을 구체적으로 전달하기	-성경분석을 통해 본문의 일차적인 의미를 전달하기 -질문과 대답으로 주제를 명확히 확인하기	-프레젠테이션 -스티커 -암송 -테스트 -성경 읽기 -질문법 -귀납적 성경해석 -컨셉맵
Look	내 삶에 이 본문이 어떻게 적용되는가	-성경공부에서 배운 것을 실제로 적용해보도록 기회 제공하기	-원리를 이끌어내기 -성경원리를 직접 적용해보기 -구체적인 행동을 생각해보기 -문제 해결을 위한 아이디어를 작성해보기	-실천노트 작성 -짝 기도 -관련활동
Took	각 개인의 삶에 실제로 적용하고 평가하기	-배운 내용을 일주일 동안 다양한 삶의 문제들 속에서 어떻게 적용할 것인가를 도와주기	-성경의 원리와 실천 가능한 아이디어를 적용하기 -아이디어를 창조적으로 응용해보기 -적용을 평가해보기 -과제를 일주일 동안 적용해보기	-대화 -보고서 -과제 -브레인스토밍

*자료출처: 함영주(2012), p. 45.

나. 문제기반학습(PBL: Problem-Based Learning)

(1) "PBL에 대해 알려 주세요ㅠㅠ": 문제기반학습의 의미

최근 교수-학습이론은 교수자 중심 체제에서 학습자 중심 체제로의 전환이라는 큰 변화를 겪고 있다. 이는 교수-학습 과정의 패러다임 변화를 의미하며, 학습자의 능동적인 참여를 전제한다. 즉, 과거와 달리 교사의 일방적인 수업 방식은 지양되고, 학생들이 학습 과정에 적극적으로 참여할 수 있는 기회와 장을 적극적으로 제공하는 것이다. 이러한 접근법은 학생들의 학습에 대한 몰입도를 극대화하여 학습 효과성을 높이는 데 큰 장점이 있다.

문제기반학습(PBL)은 이러한 패러다임 전환을 대표적으로 구현한 접근법으로, 학습 과정과 학습 활동을 매우 강조한다. 초기 문제기반학습(PBL)은 맥매스터(McMaster) 의대의 교육과정에서 나타난 여러 한계점을 극복하기 위해 시작되었다. 이는 전통적인 강의 중심 의료 교육을 보완하며, 학생들이 스스로 의료 상황을 해결할 수 있는 능력을 배양하고자 도입되었다(이수인, 2014). 이후 교육 분야에서 실제적인 적용 사항들이 의미 있게 소개됨으로써 다양한 전공과 영역에서 광범위하게 적용되고 있다.

일반적으로 문제기반학습(PBL)은 교사가 제시한 문제 또는 실제 직면한 문제를 바탕으로, 학생들이 해당 문제에 대한 해결책을 찾아가는 모든 과정을 학습의 핵심으로 삼는다(Barrows & Tamblyn, 1980).

(2)"문제기반학습(PBL)의 실제 진행 단계는 어떻게 되나요?":
문제기반학습의 과정

문제기반학습(PBL) 과정에서 학습자들은 특정 학습 주제와 관련된 문제 또는 문제 상황을 제시받는다. 학습자들은 이 문제를 명확히 이해한 후, 문제를 해결하기 위해 자료를 수집하고, 동료들과 토론하며 협력하여 미션을 수행한다. 이 과정에서 학습자들은 자신이 가지고 있는 기존 지식과 경험을 활용하며, 자료 수집과 협동적인 활동 및 토론을 통해 새로운 지식과 경험을 더하여 문제를 해결해 나간다. 보다 심층적인 접근을 위해 학습자들은 다음 3가지 체크 포인트를 고려한다.

- Check point 1: 제시된 문제를 해결할 수 있는 방법은 무엇인가?
- Check point 2: 제시된 문제 해결과 관련해 내가 알고 있는 것은 무엇인가?
- Check point 3: 제시된 문제를 해결하기 위해 내가 추가로 학습해야 할 것은 무엇인가?

1. Check point 1단계:

문제 해결을 위한 핵심적인 아이디어를 도출하고, 이를 기반으로 문제 해결을 위한 방향성과 큰 그림을 구성한다.

2. Check point 2단계:

문제 해결을 위해 자신이 알고 있는 기존 정보와 지식을 정리하고 체계적으로 구성한다.

3. Check point 3단계:

문제 해결을 위해 추가로 조사해야 할 사항을 도출하며, 동료들과의 협력을 통해 확인해야 할 요소들을 정리한다. 이 모든 과정에서 교육 사역자는 다음 세대들이 문제를 명확히 이해할 수 있도록 돕고, 학습자와 동료들이 문제 해결 과정에 적극적으로 참여하여 협력할 수 있도록 안내하는 역할을 수행한다. 해당 과정과 활동을 다음 세대 학습자의 관점에서 정리하면 다음과 같다.

<표 3> PBL 수행을 위한 단계 및 활동 요약

단계	PBL 수행을 위한 활동	학습 특징
[1단계] PBL 활동을 위한 환경 구성	- 교육 사역자의 학습목표 설명 - 교육 사역자의 학습자 역할 설명 (교육 사역자의 역할 설명 포함)	집단전체
[2단계] 교사의 해결할 문제제시	- 제시될 문제에 대한 책임 있는 자세 강조 - 문제 제시	집단전체
[3단계] 제시된 문제에 대한 해결방법 추정	- 조별 역할을 분담 - 조별 내 아이디어 적극 수용 - 제시된 문제에 대한 기본적인 해결방안 정리 - 학습을 위한 자료 선택	개인 및 조별
[4단계] 개인(자율)학습	- 개인 자율 과제 수행 - 개인적 자료 수집 및 탐색	개인
[5단계] 동료 토론	- 조별 토론(동료) - 동료 학습자의 조사 사항 및 개별 차이 확인 (협동학습)	조별
[6단계] 토론 결과 발표 및 공유	- 조별 조사 항목 발표 및 공유	집단전체
[7단계] 교육 사역자의 정리 및 평가	- 일반교육 시 평가 - 자기 성찰 과정 시도	집단전체 및 개인

(3) "PBL 적용을 위한 문제를 만들어봅시다":

문제기반학습의 적용을 위한 문제 예시 제안

본 절에서는 문제기반학습(PBL)을 실제로 적용하기 위해, 다음 세대 사역에서 발생할 수 있는 이슈를 바탕으로 예시적인 문제를 구성해 보았다. 이러한 예시는 연령별 신앙 발달 과정에서 다뤄야 할 실제적인 주제를 포함한다. 또한 신앙 교육을 위한 문제를 선정하고 개발할 때 고려해야 할 몇 가지 중요한 사항은 아래와 같다.

[바람직한 문제의 방향]
○ 제시된 문제는 다양한 해결방법과 전략을 포함해야 한다.
○ 제시된 문제는 학생의 신앙적 경험에 기초하여 구성되어야 한다.
○ 제시된 문제는 협동 학습을 통해 이루어질 수 있어야 한다.
○ 제시된 문제는 실제 신앙생활 속에서 발생하는 문제로 구성되어야 한다.

[바람직하지 못한 문제의 방향]
○ 문제에 특정한 해결 답안만을 요구하는 방식은 지양해야 한다.
○ 문제는 단순히 공과 교재의 학습 제목과 목표를 나열하는 수준에 그쳐서는 안 된다.
○ 문제는 학생들의 신앙적 경험과 동떨어진 내용이어서는 안 된다.
○ 문제는 개인 학습으로도 해결 가능한 것은 지양해야 한다.

위 원칙들을 기반으로, 문제를 구성한 예시는 다음과 같다.

◆ 예시 1

- **대주제** : 예배의 중요성
- **학습목표** : 예배 시간에 휴대폰 사용을 자제할 수 있다.
- **제시된 문제** : "휴대폰만 만지는 현철이와 임원들의 갈등"
  최근 현철이는 얼마 전 생일 선물로 받은 최신 휴대폰을 통해 ***게임에 푹 빠져있다. 심지어는 목사님의 설교 시간에도 게임을 하고 있으며, 휴대폰을 만지며 집중을 하지 않는 모습을 종종 보인다. 더욱더 큰 문제는 현철이가 교회 선배로서 인기가 많아 후배들도 많이 따르는데 현철이랑 놀고, 함께 게임을 하기 위해서 후배들 역시도 현철이와 예배 시간만 되면 같이 앉아 게임을 하기도 하고, 휴대폰으로 장난을 친다는 것이다. 이에 대해서 고등부 임원들이 몇 번 현철이에게 예배 시간에는 휴대폰을 만지지 말자고 하였지만 소용이 없었다. 그러면서 임원들과 현철이의 사이만 더 나빠지게 되었다. "교회 임원들은 어떻게 해야 할까?"

◆ 예시 2

- **대주제** : 복음 전파와 전도
- **학습목표** : 교회 내 역할(임원)로 인한 친구 전도의 문제를 극복할 수 있다.
- **제시된 문제** : "대학부 회장인 현정이를 도와주세요~~ㅠㅠ"
  "대학부 회장인 현정이는 이번 전도행사 때 친구인 주아를 데리고 교회를 왔습니다. 다행히 주아는 현정이의 교회에 나오기로 다짐했고, 다음 주부터 본격적으로 출석을 하기로 하였습니다. 그런데 현정이는 대학부 회장으로서 기관도 섬겨야 하고, 교회 성가대와 여러 사역으로 매주일 바쁜 가운데 있습니다. 주아의 교회 적응과 정착을 위해서 친구인 현정이가 세심하게 신경을 써주어야 하는데 그것이 힘들 것 같아 현정이는 걱정입니다. 그리고 자신이 세심하게 챙겨주지 못하는 상황으로 인해 주아가 교회에 대한 부정적인 생각도 가지게 되지는 않을지 걱정을 하고 있습니다. 현정이를 도와주세요."

◆ 예시 3

- **대주제** : 성경
- **학습목표** : 꾸준하게 성경을 읽을 수 있도록 한다.
- **제시된 문제** : "성경책 읽기가 너무 귀찮고, 피곤한 주연이를 도와주세요"

"주연이는 공부도 잘하고, 운동도 잘하는 중학교 3학년 학생이다. 모태신앙으로 자라 부모님들도 열심히 교회를 섬기시고 봉사하셔서 존경을 받으신다. 부모님들의 신앙생활을 보면서 주연이도 본을 받고 열심히 신앙생활을 하고자 하는데 문제는 성경 읽기가 너무 귀찮고, 피곤하다는 것이다. 매일 1장이라도 꾸준하게 읽고자 몇 번이나 스스로와 약속을 하였는지 모른다. 다른 책들은 읽으면 너무 재미있고 시간 가는 줄 모르겠는데 유독 성경책만 읽으면 무슨 말인지도 이해가 안 가고, 지루하게 느끼는 것이다. 그러다 보니 목사님께서 설교하시는 내용도 잘 모르겠고, 다윗이 구약의 인물인지 신약의 인물인지도 헷갈린다. 성경에 대한 지식도 많이 알고는 싶은데 성경을 읽기 싫은 주연이를 어떻게 도와줄까요?"

4. 중·고·대 교육 사역의 방향:

"신앙적 문제 해결력을 갖춘 실천적 그리스도인으로 양육하라!"

최근 신앙 교육에서 가장 큰 문제는 실천적 그리스도인으로 양육하는 데 실패하고 있다는 점이다. 즉, 다음 세대가 자신들이 직면하는 다양한 신앙적 딜레마 앞에서 신앙적인 판단과 결단을 내리지 못하며, 신앙과 삶을 분리하여 이분법적 신앙생활을 영위하고 있다는 점이다. 교회는 교회요, 세상은 세상이기에 자신의 문제를 신앙적으로 어떻게 풀어나가야 할지 모르는 상황에 놓여 있다. 그러나 다음 세대는 교회, 가정, 학교, 사회 어디에서든 동일하게 그리스도인으로 살아가야 하며, 삶의 문제 속에서 신앙적으로 판단하고 결단할 수 있어야 한다. 다음 세대 교육 사역의 핵심적인 방향성은 신앙적 문제 해결력을 갖춘 실천적 그리스도인을 양육하는 것이다. 사역자들은 무엇보다 다음 세대 교육 사역의 핵심으로 다음 세대들이 실천적 신앙 역량을 갖출 수 있도록 노력해야 하며, 이를 통해 한국 교회와 한국 사회의 미래가 밝아질 수 있을 것을 확신한다.

사역자는 HBLT와 문제기반학습(PBL) 전략을 통해, 다음 세대가 신앙생활에서 실제로 직면하게 되는 딜레마와 고민을 성경적 가르침 안에서 지도할 수 있는 유익을 얻을 수 있을 것이다. 특히, 사역자들은 다음 세대들로 하여금 자기 주도적인, 그리고 협동적인 과정을 통하여 신앙적 문제를 스스로 바라보게 할 수 있을 것이다. 더불어 자신들이 스스로 그 문제를 풀어 가는 놀라운 경험을 선사할 수 있을 것이기에 학습 과정에 참여하는 다음 세대들도 흥미롭게 학습을 수행할 수 있을 것이다. 이러한 맥락은 궁극적으로 이분법적 신앙 교육의 한계와 실천적 적용 부재에 대한 비판도 극복할 수 있는 대안적 성격도 지니고 있어 사역 현장에 던지는 메시지는 클 것으로 기대한다.

중·고·대, '설교 사역' 이렇게 하라

이정규 목사 · 시광교회

1. '들리게' 만드는 설교는 무엇일까?

필자는 14년 전 서울에서 교회를 개척했다. 당시 12명이던 회중은 평균나이 30.2세의 8~900명 규모로 성장했다. 그러나 이 기간 동안 필자가 했던 목회적 결정들 중 절반 이상은 어리석거나 실수였던 것들이 많았다. 설교 역시 마찬가지이다. 나는 다양한 방식으로 다양한 본문을 설교했지만, 그 모든 설교 요소들이 교회 성장을 촉진한 것은 아니었다. 오히려 "그런 요소에도 불구하고" 감사하게도 하나님께서 은혜를 베풀어 주신 것들이 참 많았다. 따라서 내 모든 설교 방식이 젊은 세대를 불러 모으는 데 반드시 적합했다고는 말할 수 없다. 예를 들어, 나는 보통 50분 이상 장시간 강해 설교를 하는데, 이것이야말로 교회 성장의 비결이라고 생각하는 것은 어리석은 일이다(나 역시 설교 시간을 줄이려 노력하고 있다!).

그렇다면, 다음 세대를 깨우고 '들리게' 만드는 설교란 무엇일까? 실제로 다음 세대를 많이 모으는 설교자들을 살펴보면, 일관된 공통점을 찾기가 쉽지 않다. 필자 역시 젊은이들이 많이 모이는 교회를 섬기는 목회자들의 실교를 분석해 보았지만, 통일된 무언가를 찾기는 쉽지 않았다. 그들 모두는 신학도 달랐고, 예배형식과 스타일도 달랐으며(시광교회는 매주 성찬을 하며 찬송가를 부른다!), 교회 형태와 리더십의 방식, 목회자의 성격조차 천차만별이었다. 더욱이 필자는 설교학자가 아니기 때문에 지극히 제한적인 분석만 제공할 수 있다. 따라서 이 글에서 필자는 시광교회에서 주로 사용한, 청중들로 하여금 설교를 들리게 만든 요소들을 이야기해 보려 한다.

가. 변증적 설교

이건 다음 세대를 위해 절대적으로 중요한 요소다. '들리는' 설교를 하는 목회자들과 성장하는 교회들이 많지만, 특히 젊은이들이 관심을 가지는 교회는 변증적 사역이 강한 경우가 많다. 물론 여기서 말하는 '변증적'이란, 꼭 설교 시간에 기독교 변증을 하거나 변증학을 가르치라는 의미가 아니다. 정확히 말하면, **설교 중에 청중들이 가질 법한 질문을 미리 꺼내놓고, 그 질문에 공감하며 대답해 주는 방식의 설교를 의미한다.** 예를 들면, 청중들은 설교자를 통해 이러한 말을 듣게 되는 것이다.

"여기까지 본문을 보신 여러분들 중에서는 이러저러한 질문이 떠오른 분들이 계실 겁니다. 여러분들을 이해합니다. 저도 같은 질문이 있었으니까요. 하지만 이렇게 생각해 보십시오…."

　청중들은 일방적으로 설교자의 주장을 듣는다는 느낌에서, 대화를 한다는 느낌으로 넘어간다. 일방적인 주장을 듣는 것보다는 대화가 덜 지루하고 재미있는 법이다. 내가 할 만한 궁금한 질문을 설교자가 먼저 던졌다. 그러면 자연스럽게 청중은 그 질문에 대한 대답에 대해 관심을 가지고 듣게 될 것이며, 고도로 집중하게 된다. 이것은 본문을 충실히 따라가는 신자들에게도 유용한 접근법이지만, 청중 중에 있을 비신자들을 특별히 더 배려하는 설교 방법이다. 아니, 교회를 오래 다녔지만 예수 그리스도와 개인적인 관계를 가지고 있지 않은 비신자들을 섬기는 방법이기도 하다. 게다가 교회의 전도 동력을 활성화시키는 방법이기도 하다. 왜 그런가?

　신자들의 심리에는, 자신이 듣는 복음을 주변 친구들에게도 전하고 싶어 하는 욕구가 있다. 최소한 복음을 전해야 한다는 부담감은 느낀다. 하지만 그 욕구를 가장 방해하는 것은 뜻밖에도 설교일 수 있다. 많은 설교자들이 이 점을 잘 모른다. 예컨대 신자들은 이렇게 생각할 수 있다. "나는 저 설교가 좋아. 하지만 내 친구가 저 설교를 듣고 은혜를 누릴 수 있을까?" 이것은 본능적인 두려움이며, 이러한 상황에서 복음 전파를 종용해 봤자 위축된 마음은 쉽게 변하지 않는다.

　이러한 상황에서 메시지에 변증적인 요소가 포함되지 않는다면, 사실상 설교의 대상에서 방문한 사람들을 제외하겠다고 선언하는 것과 같다.² 하지만 당신이 설교 중 짤막하게나마 변증을 제공한다면, 청중 중에 무신론자와 회의론자들 역시 자신에게 말을 걸어온다고 느낄 것이다. 예를 들어, 우리는 "여기 계신 분들 중 어떤 분들은 절대 진리를 말하는 것이 편협하다고 생각하실지도 모릅니다. 하지만 절대 진리가 없다고 생각하는 것 역시 또 다른 절대 진리를 주장하는 것 아닐까요? 자신의 생각을 재고해 보시기를 요청합니다."라고 말할 수 있다. 심지어 청중 중에 그렇게 생각하는 사람이 없어도 상관없다. 청중 중 누군가는 이런 생각을 할 것이다. "맞아! 저 이야기 우리 선배가 들으면 좋을 텐데!" 그리고 몇 주가 지나면 그 선배가 회중 가운데 앉아 있게 되는 것을 볼 것이다. 그렇다면 이러한 설교를 하기 위해 우리는 무엇을 훈련해야 할까?

첫째, 설교문을 작성할 때 여러 사람을 떠올리며 질문하라

항상 설교를 듣는 청중들의 다양성을 고려하라. "이번 주에 고난을 겪고 있는 ○○자매가 이 설교를 들으면 어떤 생각이 들까?", "신앙에 회의가 든 XX형제가 이 설교를 듣는다면 어떤 마음이 들까?", "청중 중에 무신론자가 있다면 이 말씀을 어떻게 받아들일까?" 나 같은 경우, 청중 중 5~6명을 구체적으로 떠올리며 설교를 적용하거나 수정하고 재

---

2   물론 개신교 목회자들 중에는 "최선의 변증은 강해 설교이며, 그 이상의 변증은 복음을 축소하는 것이다."라는 입장을 가진 사람들이 있다는 것을 알고 있다. 하지만 변증 자체는 신자들에게도 필요하며, 이미 성경 전체가 변증의 요소를 포함하고 있다는 것을 간과해서는 안 된다. "최선의 변증은 강해 설교다."라는 주장은 일리가 있지만, 이 말을 주장할 때, "따라서 설교는 오직 신자들만을 대상으로 해야 한다."라는 태도가 깔려 있다면, 그다지 성경적인 사고방식이라고 보기 어렵다.

조정한다. 이러한 작업은 설교를 훨씬 생생하고 살아 있는 메시지로 만들어 준다.

그들에게 모든 것을 맞출 필요는 없지만, 설교자가 그들을 배려하고 있음을 느끼게 하라. 또한 그들과 기꺼이 대화할 의지가 있음을 보여 주라. 교회 내에서만 통용되는 특정한 용어를 지나치게 남발하지 말고, 비신자들을 비하하거나 조롱하는 용어를 사용하지 말라. 심지어 청중이 좋아하더라도 절대 사용하지 말라. 청중들은 당신의 조롱에 웃겠지만, 마음속 깊은 곳에서는 "우리 회사 선배는 데려올 수 없겠는걸."이라고 생각할 것이다. **이 경우 전도를 막는 것은 설교자이다.** 하지만 설교자가 열린 마음으로 회의론자와 무신론자들에게도 따뜻한 복음을 전한다면, 어느 새 그들이 교회에 와서 앉아 있는 것을 보게 될 것이다. 그들 사이에서도 "저 교회에 가면 내가 질문할 수 있대."라는 소문이 퍼지게 되는 것을 볼 것이다.

둘째, 다양한 기독교 변증서들을 섭렵하라.

물론 코넬리우스 반틸의 『변증학』, 존 프레임, 스프로울 등의 책을 읽는 것도 유용할 것이다.[3] 하지만 다양한 질문들을 다룬 현장 목회자들의 설교와 질문들에 대한 대답들을 살피는 것이 더욱 유용할 것이다. 추천하자면 팀 켈러의 모든 책들과 C. S. 루이스의 모든 책들. 그리고 레베카 맥클러플린의 책들,[4] 그리고 좀 더 깊이 들어가 다양한 교리서

---

[3] 그중 전제주의 방식의 변증은 꼭 배워두기를 바란다. 포스트모던 시대에 가장 적합한 방식의 변증이다. 코넬리우스 반틸, 『변증학』, 신국원 옮김 (서울: P&R, 2012).

[4] 레베카 맥클러플린, 『기독교가 직면한 12가지 질문』, 이여진 옮김 (서울: 죠이

와 조직신학을 다시 깊이 공부하는 것도 큰 도움이 될 것이다. 아울러 많은 소설과 세속 작가들의 글을 다양하게 읽고 기독교인으로서 그들과 어떤 대화를 나눌 수 있을지를 상상해 보라. 이러한 과정을 통해 보다 포괄적이고 신선한 방식의 변증을 이끌어낼 수 있을 것이다.

나. 문화에 공감하지만 대항하는 설교

예수님을 따르는 사람들은 명목상의 교회나 세속 세계와도 다르고, 종교인이나 비종교인 모두와도 달라야 합니다. 산상수훈은 신약성경 어디에서도 기독교의 반문화에 대한 가장 완벽한 설명입니다. 여기에는 기독교 가치 체계, 윤리 기준, 종교적 헌신, 돈에 대한 태도, 야망, 생활 방식, 관계망 등 비기독교 세계와 완전히 상반되는 모든 것이 담겨 있습니다. 그리고 이 기독교적 카운터컬쳐(Counter-Culture)는 하나님 나라의 삶, 즉 지극히 인간적인 삶인 동시에 신적 통치 아래서 살아가는 삶입니다.[5]

기독교는 일종의 대항문화이다. 기독교는 단순한 윤리체계 정도가 아니라 새로운 세계관이다. 삶, 죽음, 시간, 의미, 가치, 사랑, 일 등의

북스, 2021).

[5] John Stott, ed., *The Message of the Sermon on the Mount: Christian Counter-Culture*, Revised Edition, The Bible Speaks Today (London: IVP, 2020), 5.

삶 전반에 대한 새로운 이해인 것이다. 따라서 우리 복음 전도자들은 단순히 사람들에게 윤리만을 전해서는 안 된다. 삶 전체에 대한 새로운 해석, 즉 새로운 세계관을 보여 주어야 한다. 이 부분에서 실패하면, 사람들은 복음의 내용이 아닌 복음을 전하는 방식에 문제를 제기하기 쉽다. 실제로 많은 사람들은 설교라는 형식 자체가 문제라고 지적하며, 기존의 독백식 설교를 포기하고, 모든 참가자가 쌍방향으로 각자의 길을 발견할 수 있는 상호 토의로 나아가야 한다고 주장한다.[6]

미국의 많은 설교학자들조차 설교 자체에 대한 회의를 보냈다. "무언가 전달할 가치가 있는 것을 발견했다면, 설교를 통함으로써 그걸 망치지 마라! 대신 공동체 안에서 주거니 받거니 의견 교환을 통해 그것이 드러나게 하라. 음악과 춤, 혹은 드라마 같은 축제 형식으로 공유하라. 설교는 사람들을 횃대에 올라앉은 닭마냥 수동적인 존재로 만든다. 억지로 깨어 있는 그런 존재 말이다."[7] 앤디 스탠리는 이렇게 말한다.

> 우리는 바로 이 세상 가운데 말씀을 전하도록 부르심을 받았다. 우리는 바로 그 문제에 정면으로 부딪치도록 부르심을 받았다. 세상에는 많은 문제가 있고, 많은 사람이 위기에 직면해 있다. 가장 기쁜 소식은 성경에는 이 모든 문제들을 다루고 있는 진리와 이야기와 원리들이 가득 차 있다는 것이다. 당신이 반드시 물어야 할 질문은 당신이 청중들의 마음

---

[6] Craddock, Fred B. *As One without Authority* (Nashville, TN: Abingdon Press, 1971), p.

[7] Leander E. Keck, *The Bible in the Pulpit: The Renewal of Biblical Preaching* (Nashville, TN: Abingdon, 1978), 40.

과 연결될 수 있는 커뮤니케이션 시스템을 최대한 어느 정도까지 만들어 낼 것인가 하는 것이다. 당신은 문화의 한 시기에 존재했다가 이제는 더 이상 존재하지 않는 하나의 시스템, 하나의 스타일, 접근 방법을 기꺼이 버리겠는가? 당신은 하나님이 당신에게 맡기신 사람들의 삶 속으로 들어가기 위해 자신의 안전지대를 과감히 벗어나겠는가? 당신은 그에 필요한 것들을 받아들이겠는가? 당신은 즐겨 쓰는 상투어나 같은 글자로 시작하는 주제 나열하기, 혹은 세 가지 핵심과 같은 것들을 포기하고 사람들이 이해할 수 있는 말을 할 의도가 있는가? 당신은 사람들의 삶을 변화시키기 위한 커뮤니케이션을 하려 하는가?[8]

물론 이러한 주장은 일리가 있다. 하지만 정말 설교 스타일을 변화시키면 사람들이 더 잘 들을까? 대중 강연은 여전히 인기가 많다(TED 강연을 보라). 게다가 대학 강단에서도 여전히 강의 방식이 사람들의 관심을 끌고 있다. 오히려 우리는 스타일을 바꾸기보다는 내부 내용, 즉 설교의 엔진을 바꿀 필요가 있다. 나는 이 지점에서 제임스 패커의 탁월한 통찰이 우리에게 중요한 의미를 준다고 말하고 싶다.

> 사실 우리 모두는 알게 모르게 서로 경쟁 관계에 있는 세계관에 의해 영향을 받아왔다. **이런 점에서 문화 자체도 일종의 요리 문답에 해당하는 셈**이다. 문화라는 요리 문답이 영향을 미치는 통로나 과정은 매우 다양하다. 오늘날 북아메리카 지역에서 성장한 젊은이의 경우 전(全)방위적

---

[8] 앤디 스탠리, 『설교코칭』, 김창동 옮김 (서울: 디모데, 2007), 115.

인 문화적 압박 아래 놓여 있다. 그런 모든 세력이 그의 가치관과 세계관 형성에 심대한 영향을 미친다. 온갖 종류의 대중 매체, 학교와 교육 지도자들이 신봉하는 가치 교육, 쉴 새 없이 변하는 도덕관을 강화하고 법제화하는 정치 세력, 광고와 마케팅을 통해 여지없이 파고드는 속된 가치관과 세계관 등 여러 요인이 압박한다. 이런 요인들이 가치관 형성에 미치는 영향은 교리 학습자가 그런 요인들에 끊임없이 영향을 받을 뿐 아니라 종종 철저한 신봉자가 되기도 하는 또래 집단 사이에서 살아가고 있다는 사실로 인해 더욱 강화된다. 우리는 무엇으로 그런 세력들에 대항할 수 있을까?… 문화적으로 적절하고, 성경에 충실하고, 전인적이고, 의도적인 교리 교육을 회복하는 것이 무엇보다 시급하다.[9]

교리문답은 언제나 대항문화를 형성하는 신조였다. 사도신경은 범신론과도 다르고, 단신론과도 다르며, 다신론과도 다른 완전히 새로운 신을 제시한다. 역사학자 톰 홀랜드는 다음과 같이 설명한다.

따라서 위대한 사람들 중에서도 가장 위대한 사람들, 가령 정복자, 영웅, 왕들에게 신성이 부여되었다. 그런 위대함의 기준은 자기 자신이 고통을 겪는 것이 아니라 적들에게 고문을 가할 수 있는 권력, 산속의 바위에 적들을 못 박는 권력, 적들을 거미로 변신시켜 버리는 권력, 세상을 정복한 후에 적들을 눈멀게 하고 십자가형을 내리는 권력을 의미했

---

[9] 제임스 패커, 게리 패럿, 『복음에 뿌리를 내려라』, 조계광 옮김 (서울: 생명의말씀사, 2010), 259-260.

다. 그러니 십자가형을 당한 사람을 신으로 숭배하는 것은, 로마 세계 전역의 대다수 사람들이 볼 때 불쾌하고 혐오스럽고 기괴한 일이었다. 그것을 최고로 불쾌하게 여긴 사람들은 어떤 특정 민족이었는데, 바로 예수의 동포였다. 유대인들은 자신들의 통치자인 로마인들과는 다르게 인간이 신이 될 수 있다는 얘기를 믿지 않았다. 그들은 단 한 분의 영원한 신만이 존재한다고 생각했다. 천지를 창조한 그 신은 가장 높으신 하나님, 만물의 주재, 지상의 주인으로 높이 받들어졌다. 제국들도 그분의 명령에 따라 흥망성쇠가 결정되고 산들도 그분 앞에서는 왁스처럼 녹아 버린다. 이런 신들 중의 신인 분에게 아들이 있고, 그 아들이 노예의 운명을 그대로 겪으면서 십자가 위에서 피 흘리며 죽어 갔다는 사실은, 대다수 유대인이 볼 때 경악스러울 뿐만 아니라 극도로 혐오스러운 얘기였다. 유대인들의 기본 전제를 그처럼 충격적으로 전복시키는 일은 상상조차 할 수 없는 일이었다.[10]

이러한 상황에서 사도신경은 당대의 시선으로 보면 아주 기괴한 신을 선포한다. 사도신경은 자기 백성들을 위해 사람이 되어 죽으시고 부활하신 분, 그분을 보내신 선하신 아버지. 그리고 교회 안에 임하셔서 자기 백성들에게 예수 그리스도를 선포하시고 교제하게 하시는 성령님을 말한다. 여기서 윤리가 흘러나온다. **기독교 윤리 중 용서, 겸손, 섬김, 인권, 약자 돌봄, 자족 등의 윤리들은 바로 신론에서 흘러나온 것**이었다.

---

10   톰 홀랜드, 『도미니언』, 이종인 옮김 (서울: 책과함께, 2020), 18.

종교개혁 시대의 교리문답 역시 마찬가지였다. 개혁파 교리문답의 가장 도드라진 특징 중 하나는 삼위일체나 기독론보다는 구원론과 교회론에 더 많은 지면을 할애한다는 것이다.[11]

왜 그랬을까?

그 이유는 교육의 목적이 단순히 복음을 가르치고 개신교인이 되게 하는 것을 넘어서, 복음적인 개신교인, 즉 신실한 신자가 되도록 하는 데 있었다. 특히 당시 개신교의 가장 큰 걸림돌이었던 로마 가톨릭에 대항하기 위해서였다. 실제로 하이델베르크, 웨스트민스터 표준문서, 도르트 신조 등은 최고 수준의 교리문답임이 분명하지만, 그렇다고 완전한 것은 아니다. 소교리문답의 기독론은 칼케돈 신조가 제시하는 수준까지 깊이 들어가지 않는다. 팀 켈러의 말을 들어보라.

선교학 교수인 하비 콘은 종종 미국과 유럽의 선교사들이 한국의 새로운 장로교 신자들에게 웨스트민스터 문답을 신앙고백으로 채택하도록 지도했던 예를 들곤 했다. 웨스트민스터 신앙고백은 17세기 영국에서 작성된 것이기 때문에, 놀라울 것도 없이 조상이나 부모, 조부모를 어떻게 섬길 것인지에 대한 내용은 별로 없다. 그렇지만 한국 문화에서는 가족에 대한 존중과 조상 예배에 대한 내용이 다른 무엇보다 중요한 자리에 있다. 그리스도인으로 살기 원하는 한국인들은 성경이 가족에 대해서 어떻게 가르치는지 알아야 했다. 그러나 웨스트민스터 고백서를 만든 사람들은 이러한 주제에 대해 성경이 뭐라고 말하는지 묻지 않

---

11 하지만 웨스트민스터 표준문서나 하이델베르크 교리문답은 그럼에도 놀라운 균형을 보여 주고 있다.

았다. 대부분의 아시아 성도들에게 필요한 구체적인 수준까지 들어가지 못한 것이다.[12]

그렇다면 우리가 공부하는 교리문답은 우리 시대의 문제를 해결하기에 충분한가? 그렇지 않다(하지만 이 지점에서, 절대로 고전적 신조가 필요 없다는 결론을 성급히 내려서는 안 된다). 하지만 이 시대에 올바른 개신교인이 되는 데 장애물은 (로마 가톨릭의 가르침이라기보다) 현대 사회의 세속주의이다. 오늘날 세속화된 세대도 자기 나름의 명확한 교리를 가지고 있다. 이에 반해 교리적으로 정확하다고 평가받는 교회조차도 세속 내러티브를 해체하거나 그들의 신념을 약화시키는 방식으로 진리를 효과적으로 제시하지 못하고 있다.

대부분의 문화적 매체는 우리가 마주하는 현실을 분명한 진리라고 가르친다. 이러한 세속적 내러티브는 그 가르침을 받아들이는 사람들의 신념 체계라고 할 수 있다. 예를 들어, 광고, 트위터, 음악, 문학, 유튜브 동영상, 영화, 코미디 등을 통해 하루에 열두 번도 더, 아니 정확하게는 거의 매시간 그 가르침이 우리에게 주어지고 있다. 이러한 세속적 내러티브는 다음과 같은 신념으로 구성되어 있다.

<표 1> 세속적 내러티브

이슈	설명
정체성	나의 정체성은 누가 정해 주는 것이 아니다. 내가 정한다.

---

[12] 팀 켈러, 『센터처치』, 오종향 옮김 (서울: 두란노, 2016), 257-258.

진리	모든 사람들이 동의할 수 있는 절대 진리는 없다. 따라서 특정 진리를 주장하며 다른 사상을 틀렸다고 주장하는 것은 관용의 정신에 위배된다.
고통	고통은 무의미한 것이며 따라서 없으면 없을수록 좋다.
해결방법	기술과 과학은 모든 문제를 차차 해결해왔고, 앞으로도 그럴 것이다. 인터스텔라의 신학을 보라. "우린 답을 찾을 것이다. 늘 그랬듯이"(We will find a way. We always have.)
역사	역사가 진행될수록 인류는 진보하고, 종교는 퇴보하며, 사회는 더 나아진다.
세상의 문제	세상의 문제는 '그들'이다. (모든 슈퍼히어로 무비)
행복	행복은 고통이 적은 것이며, 미래가 안락한 것이다.
권위	권위는 없을수록 좋다.

이 모든 것들은 강력한 교리이다. 하지만 교회는 이러한 교리에 대항하지 못하고 있다. 우리는 이러한 상황에 저항해서 다음의 메시지를 군건히 선포해야 한다.

<표 2> 신앙적 내러티브

이슈	메시지
정체성	우리는 창조되었고, 부르심을 받았다. 우리 모두 하나님의 형상이고, 하나님의 사랑받는 자녀들이기에 의미와 가치가 있는 존재이다.
진리	절대적인 진리가 있고, 인간은 그 진리에 다다르지 못했다. 그래서 그 진리가 내려왔다. 은혜로 다가온 진리를 인간이 믿기에, 인간은 관용할 수 있다.
고통	복음의 은혜는 우리로 하여금 고통에 인내하게 하고, 고통을 맞서게 하며, 이는 우리를 성장시킨다.

해결방법	기술과 과학은 하나님의 은혜의 일부에 불과하다. 우리는 더 깊고 특별한 방식의 기술이 필요하다. 이는 하나님과의 교제이다.
역사	역사 가운데에서의 인간의 노력들은 인간을 개선시키지만, 근본적으로 변화시키지 못한다. 인간 내면의 자기중심성을 변화시키지 못한다. 우리는 구원이 필요하다.
세상의 문제	세상의 문제는 '나'이다.
행복	행복은 우리를 창조하신 분으로부터의 궁극적 인정과 관계로부터 오며, 이는 공동체를 통해서 우리에게 베풀어진다.
권위	권위는 진공을 허락하지 않는다. 인간은 스스로가 권위가 되거나, 압제자를 선택한다. 그리고 둘 다 압제자다. 우리를 위해서 죽으신 권위가 필요하다.

청중들은 변화를 원한다. 젊은 청중들이라고 해서 늘 자신을 공감해 주기만을 원하지는 않는다. 그래서도 안 된다. 청중들은 성경과 반대되는 현대 문화의 세속적 세계관 때문에 더 많은 불안과 괴로움, 자기연민과 분노에 시달리고 있다. 이러한 상황에서 "당신이 지금 힘든 이유는 …한 세계관과 마음을 가지고 있기 때문입니다. 하지만 성경은 세상이 …하다고 말하고, …한 답이 있다고 말합니다. 그러니 이것을 믿으십시오!"라고 말한다면, 전인적이고도 세계관적인 변혁, 즉 회심이 있게 될 것이다. 그로 인한 삶의 변화는 덤이다![13]

---

13 이러한 설교의 한국적 예시를 보고 싶다면, 필자의 졸저 하나를 추천하고 싶다. 이정규, 『나는 누구인가요』 (서울: SFC, 2021).

2. 심방의 재발견

심방은 반드시 설교를 향상시킨다. 특히 설교의 적용을 향상시킨다. 주해 능력과 신학적 사유는 강의실과 서재에서 향상되지만, 적용의 깊이는 사람들을 만나는 만남의 장소, 즉 집과 커피숍과 식당과 교제하는 장소에서 향상된다. 어떤 설교자들은 서재에서 하는 공부만이 공부라고 생각하고, 사람들을 만나는 것을 노는 것이라고 생각한다. 내가 만난 한 목회자는 자신이 심방을 절대 하지 않는 이유에 대해 "아줌마들과 한가하게 노닥거리는 것이 싫기 때문"이라고 말했는데(물론 농담의 문맥이었다. 해서는 안 되는 농담이지만…) 이러한 생각은 중요한 한 가지를 간과하고 있다.

우리는 좋은 주석서와 신학책에서 신학을 배운다. 하지만 내가 섬기는 A라는 성도에 대해서 배우려면 A와 만나는 것 외에 다른 방법이 없다. A는 자신에 관한 책을 쓴 적이 없기 때문이다! 우리가 A에게 설교하기 위해서는 다음 지식이 필요하다.

하나님을 아는 지식(신학을 통한) + A를 아는 지식

우리는 이 두 지평을 연결한다.[14] 만약 우리가 A를 알지 못해 전자를 후자에 연결시키지 못한다면, 우리는 '유식하고 똑똑하지만 적용은

---

14   앤터니 티슬턴의 책 제목이 떠오른다면, 그걸 떠오르게 하는 것이 내 의도가 맞다.

잘 못하는' 설교자가 아니다. 오히려 '무식해서 적용을 잘 못하는' 설교자일 뿐이다. A를 아는 지식은 하나님을 아는 지식 못지않게 중요하다. 설교의 적용은 바로 거기서 나온다! 당신이 A를 한 번 만난다면, 'A학개론'을 이수한 것이다. A를 자주 만나고 A의 친구들, 가족까지 만난다면 당신은 심화 과정까지 이수한 것이다. 그리고 확신컨대, A학을 잘 이수한다면, B와 C와 D를 만날 때 빠르게 상대를 이해할 수 있다.

토요일 밤에 심방을 와달라는 다급한 요청이나 문제 상담 요청 전화를 부담스러워하지 말라. 물론 설교문을 완성하지 못한 상태에서 이런 요청을 받는 것이 고통스러울 수 있다는 점은 이해한다. 하지만 나는 토요일 밤에 이러한 요청에 응하면서 설교의 긴요한 적용점을 발견한 경험이 한두 번이 아니다. 토요일은 설교자의 마음에 본문이 가득 차 있는 시간이다. 그래서 어떤 사람을 만나든 본문을 말해 주고 싶어 한다. 본문을 재료 삼아 위로하거나 격려하거나 지도하고 싶어진다. 이때 예상치 못했던 적용점이 넘쳐나는 것을 경험하게 될 것이다. 심방은 당신을 훨씬 더 섬세하고, 깊이 있으며, 적확한 적용을 하는 설교자로 만들어 낼 것이다.

특히 청소년/청년 사역자들에게 심방은 절대적으로 중요하다. 이 시기는 그들은 가족으로부터 정서적/육체적으로 독립하는 시기이면서도, 동시에 절대적으로 의존할 새로운 사람들이 필요한 시기이다. 그들 대부분은 부모나 형제와 갈등을 겪고 있으며, 새로운 대안 가족을 꾸리고 싶어 한다(연애를 간절히 바라는 이유 중 하나도 이것이다!). 반면, 장년들은 이미 가정이 있기 때문에 안정적이고, 가족 구성원이 신앙을 서로 붙들어 주기 때문에 교역자들의 손이 많이 가지 않는다. 하지만 청년들은 교역자들의 손길이 많이 필요하다. 교역자는 그들의 대안 부모 또는 형제가 되어야 할 경우가 많다. 그들을 진심으로 사랑하고, 그들로부터 듣는 삶의 문제를 가지고 본문을 깊이 들여다보라. 그렇게 한다면, 당신은 그들에게 "들리는 설교"를 할 수 있으리라 확신한다.

3. 중·고·대 설교사역의 방향:

"하나님께서 열매 맺으실 것이라는 믿음으로 선포하라"

목회자들에게 너무 많은 짐을 안긴 것 같아 미안한 마음이다. 솔직히 고백하건대, 나 역시 내가 제시한 대로 완벽하게 살지 못했다. 완벽은커녕, 상당히 게으른 것에 가까웠다. 하지만 필자는 "하나님께서 우리나라 다음 세대 중 택하신 백성들을 긍휼히 여기시며, 그들을 부르실 사역자들을 준비시키고 계신다"는 확신을 가지고 있다. (나 같은) 사역자들의 연약함과 부족함에도 불구하고, 주께서는 자기 백성들을 사역자들을 사용하여 불러내실 것이다.

17세기 목회자 리처드 백스터는 17년 동안 성인 2,000명이 살고 있는 마을 키더민스터에서 사역하며, 매주 1,000여 명이 넘는 신자들이 모여 회집하는 교회로 교구를 성장시켰다. 그는 자신의 키더민스터 사역을 이렇게 회고한다. "내가 이곳에 처음 왔을 때 하나님을 예배하고 하나님의 이름을 부르는 가정은 거의 없었다. 그러나 내가 이곳을 떠날 때 하나님을 예배하지 않고 하나님의 이름을 부르지 않는 가정은 거의

없었다."¹⁵

개인적인 이야기를 해 보자면, 필자는 부교역자 생활을 해 본 적이 없이 교회를 개척했다. 따라서 심방과 목양 경험이 절대적으로 부족했다. 이때 만난 책이 『참 목자상』이었는데, (물론 시대 상황에 맞지 않는 내용들은 제외하고) 이 책에서 조언하는 내용을 실천하기 위해 노력했다. 예를 들어, 나는 다음과 같은 말에 깊이 공감했다.

> 제가 가장 우려하는 바는 많은 목회자들이 설교는 잘하는데 이 일을 행하기에는 여러모로 자격미달이라는 사실입니다. 특히 연로하고 무식하고 강퍅한 죄인들을 다루는 데 어려움을 겪습니다. 실제로 목회자들이 웬만큼 연륜을 갖추지 못하면 강퍅한 노인들은 겸손히 배우고 순종하기보다 그들을 경시하고 소모적인 논쟁을 일삼으려 합니다. 그러니 나이가 어리고 경험이 부족한 목회자에게는 오죽하겠습니까?¹⁶

'설교는 잘하는데'를 제외하고 모두 내게 해당되는 말이었다. 따라서 다음의 약속 역시 내게는 큰 소망이 되었다.

> 저는 이 일이 하나님의 축복 속에서 아름답게 열매 맺으리라고 믿기 때문에 생각만 해도 가슴이 벅차오릅니다. 사랑하는 형제들이여, 여러분

---

15 조엘 비키, 랜들 패더슨, 『청교도를 만나다』, 이상웅, 이한상 옮김 (서울: 부흥과개혁사, 2010), 119.
16 리처드 백스터, 『참 목자상』, 29.

은 매우 복된 일을 시작했습니다. 여러분의 양심은 물론 여러분의 교구 성도들과 아직 태어나지 않은 신앙의 후손들도 함께 즐거워할 것입니다. 이 일을 마칠 때쯤이면 수십 수백만 명의 사람들이 하나님을 찬양할 것입니다. 비록 지금은 오랫동안 교리 교육에 게을리한 죄를 회개하기 위해 모였지만 언젠가 하나님의 은혜 속에서 복음 사역이 성공적으로 이뤄지리라고 크게 기대하고 있습니다. 그 소망이 오늘 제게 말할 수 없는 기쁨을 가져다줍니다.[17]

이 책의 가이드를 따라 (조금은 게으르게) 실천했음에도, 내가 한 것 이상의 풍성하고 과분한 열매를 맛보게 되었다. 항상 하나님께서는 수고한 자들의 울부짖음을 외면치 않으시고, 겸손히 배우고자 하는 자들에게 더 풍성히 부어 주시며, 자기 양들을 아끼는 목자들에게 복된 은혜를 베푸신다. 이 글을 읽는 모든 다음 세대를 섬기는 사역자들에게 동일한 은혜가 있기를 기도한다.

---

17 위의 책, 238.

중·고·대, 찬양 및 예배 사역 이렇게 하라

조성민 대표 · 아이자야 씩스티원

1. 한국 교회, 예배, 그리고 변화하는 시대

한국 교회는 1980년대 말까지 빠르게 성장했으나, 1990년대부터 점차 성장세가 둔화되기 시작했다. 이에 대한 대안을 모색하고 있지만, 여전히 성장 둔화에 효과적으로 대응하는 데 어려움을 겪고 있다(이원규, 2002). 최근 실시된 한국 교회의 성장 가능성 조사 결과에 따르면, 앞으로의 성장 전망은 어둡게 보인다는 분석이 많다. 이러한 상황에서 한국 교회는 대안을 모색해야 하는 중요한 과제에 직면해 있다. 성장 전략의 전환, 인프라 개발, 적극적인 사회복지 활동을 통한 커뮤니티 구축, 그리고 세대 간의 소통 증진과 같은 다양한 방법이 강구되고 있지만, 이 모든 노력이 즉각적인 효과를 거둘 수 있는 것은 아니다. 따라서 한국 교회는 더욱 유연하고 다양한 대안을 동시에 고려하며 지속적인 변화와 성장에 대비해야 한다.

단기적 성과에만 집중하기보다는 중장기적으로 교회의 성장을 이끌어낼 수 있는 방안을 마련해야 한다. 이를 위해 교회의 역할과 비전을 명확히 이해하고, 그에 따른 전략을 수립해야 한다. 또한, 교회 구성원들이 개인적으로 그리고 공동체적으로 신앙의 성장을 이루어나갈 수 있도록 지원하고 격려하는 환경을 만드는 것이 중요하다. 세상의 변화 속도에 맞춰 교회도 변화하고 성장하려는 노력이 필요하다. 이를 위해 우리 모두가 함께 노력해야 한다는 인식을 가져야 한다. 변화의 속도에 뒤처지지 않기 위해, 대안을 함께 찾아가며 교회의 미래를 준비해야 한다. 이를 위해 각 교회는 성도들의 의견을 존중하고 적극적으로 수용하여 더 나은 미래를 위해 함께 노력해야 한다.

사람들은 교회에서 얻는 경험이나 배움을 통해 신앙을 더욱 깊이 이해하고 살아가는 데 도움을 받고 싶어 한다. 그러나 많은 경우 예배와 교육 활동이 이러한 신앙적 갈증을 충분히 해소시키지 못하고 있다. 예배는 단순히 형식을 따르는 것이 아니라 신앙생활에 직접적인 도움을 주는 경험이어야 한다는 인식이 교회 내외를 막론하고 널리 퍼져 있다. 이러한 요구와 기대에 부응하기 위해 성도들의 다양한 삶의 상황에 맞는 예배나 교육 프로그램을 제공하며, 만족도를 높이려는 노력이 필요하다. 스스로를 계속해서 변화시키고 발전시켜나가는 것이 교회에게 요구되는 중요한 과제이다. 이를 위해 다양한 현상들과 기독교에 대한 부정적인 견해에 대한 심도 있는 이해가 필요하며, 이러한 이해를 바탕으로 비판적 자기반성과 함께 더 나은 미래를 위한 혁신적인 대안을 제시해야 할 것이다.

한국 교회는 오랜 시간 동안 세속적 영역에서 격리되어 있었으며, 많은 사람들이 전통적인 예배 형식을 고수했다. 그러나 한국 사회가 급속하게 발전하고 변화하면서 가치관과 문화가 크게 바뀌었고, 교회 역시 그 영향을 받았다. 개신교 교역자들은 이러한 사회 변화를 주목하며, 적극적인 변화를 준비하기 시작했다. 교회의 문을 열고 세상을 받아들임으로써 예배의 형태에 변화를 주었으며, 특히 젊은 크리스천들이 이동하고 상호 작용하는 사회 분야에서 그들의 문화생활을 반영한 음악을 예배의 중심에 두게 되었다. 젊은이들에게 익숙한 노래와 음악은 감정을 표현하는 중요한 수단이며, 이를 통해 예배 참여가 높아졌다. 그러나 이런 변화에 대해 모든 사람이 동의한 것은 아니었다. 일부는 이를 '신세대 예배'라고 부르며 경계하거나 부정적으로 반응했다(홍정수, 1995). 그러나 대다수는 이러한 변화를 받아들이고 지지했으며, 찬양 중심의 예배 형태가 형성되는 데 기여하는 듯하다. 이로써 한국 교회는 전통에서 벗어나 현대 문화에 가까워지고, 다양한 세대가 함께 찬양하며 예배드리는 공동체로 발전하기 위해 준비하고 있다.

하나님을 경배하는 것은 우리가 동서남북 어느 교회에 있든지 가장 중요한 일 중 하나다. 그러나 시대와 문화, 세대에 따라 예배의 방식은 어느 정도 변할 수 있다. 우리가 중요하게 생각해야 할 것은 예배의 변화가 성경적인 근거에 기반해야 한다는 점이다. 곧 예배가 성경 중심적이며 또한 제일 중요한 하나님의 마음에 합당한지를 지속적으로 점검해야 한다. 전통의 중요성과 현대의 요구를 모두 고려하여 교회 공동체에 적합한 예배 형식을 찾아가는 것이 중요하다. 이러한 과정에서 예배는 한 시대의 문화적, 사회적 변화를 반영하면서도 기독교의 본질과 전통을 유지하며 각 시대에 맞게 발전해야 한다. 실행적인 면에서는 예배를 이끄는 교회의 리더들에게 큰 역할이 요구된다. 그들은 전통적 예배 형식을 지키면서도 현대 사회의 문화적 다양성과 사회적 요구를 고려하여 예배를 더 의미 있게 참여할 수 있도록 이끌어야 한다. 또한 현대 사회에서 실제적인 도움과 의미를 찾을 수 있도록, 예배 형식이 현대 신자들에게 어떻게 의미 있게 전달될 수 있을지 고민해야 한다. 전통과 현대가 조화를 이룬 예배는 성도들에게 큰 의미와 가치를 부여할 것이며, 기독교의 사명을 더욱 확실하게 이룰 수 있게 할 것이다. 이 글에서는 모던 워십 관점에서 현 시대의 예배를 비평하고 적용하며, 모던 워십이 현대 예배의 미래 관점에서 어떻게 발전할 수 있을지 서술하고자 한다.

2. 모던 워십의 정의

모던 워십이란 전통적인 찬양과 경배에서 벗어나 젊은이들의 취향에 맞는 현대적인 예배 음악을 도입한 새로운 예배 형태를 지칭한다. 모던 워십은 모던 록이라는 음악 장르를 기반으로 한다. 원래 모던 록은 일반적인 록 음악의 현대적 변형을 의미하지만, 여기서는 좀 더 추상적이고 광범위한 의미로 쓰인다. 이 음악의 주요 특징 중 하나는 전진적이고 진보적인 사운드를 추구하며, 일렉트로닉 악기와 디지털 기반의 악기를 사용하는 경우가 많다는 점이다.

모던 워십은 크게 두 가지 단계를 거쳐 발전했다. 첫 번째 단계는 고전적인 복음성가에서 현대적인 찬양곡으로 바뀌었고, 두 번째 단계는 현대적인 찬양곡에서 젊은이들에게 더욱 친근하게 다가갈 수 있는 모던 록 스타일로의 변화였다.

모던 워십에 대한 인식은 사람마다 조금씩 다를 수 있다. 일부 교인들은 이를 단순히 '젊은이들이 좋아하는 예배 곡'이라고 생각한다. 이는 기존의 복음성가나 전통적인 찬양과는 다른 스타일을 보여 준다. 그러나 모던 워십은 새로운 스타일과 접근법을 통해 다음 세대가 예배에 더 깊이 몰입하고 참여하도록 돕는다. 이를 통해 다음 세대의 신앙 생활을 보다 적극적으로 만드는 데 기여하고 있으며, 교회와 신앙에 재미와 흥미를 더하며, 교회를 더욱 활기차게 만드는 요인 중 하나로 볼 수 있다.

모던 워십은 기획적인 부분에서 콘서트 형식을 띠기도 하지만, 그 콘텐츠는 하나님을 찬양하며 모든 회중이 함께 가사를 불러 예배를 드리는 모습을 보여 준다(류수현, 2008). 모던 워십이 찬양의 형태를 채택함으로써, 예배는 개인적인 경험을 넘어 사회적인 경험으로 확장되며, 더욱 풍부하고 다양한 찬양 경험을 선사한다. 모던 워십의 가사는 직접적으로 하나님께 초점을 맞추고 있으며, 이를 통해 회중은 예배의 가치를 더욱 명확히 인지할 수 있다. 그 결과, 회중은 더욱 깊이 있는 찬양 경험을 누리게 되고, 이를 통해 신앙 생활에 대한 통찰력을 키울 수 있다. 또한, 모던 워십은 음악적 관점에서도 매우 독특하고 혁신적이다. 경배와 찬양(Praise & Worship) 음악이 주로 미국 팝 음악을 기반으로 발전한 반면, 모던 워십은 영국의 모던 록(Mordern Rock)을 기반으로 다양한 장르를 혼합한 음악 스타일을 추구한다. 이러한 스타일 비교는 예배 찬양이 장르적 신선함의 부족이라는 한계에 직면했을 때, 그 한계를 어떻게 극복하고 변화를 꾀했는지 보여 준다.

즉, 모던 워십은 국민적이거나 민속적인 음악보다는, 당시 가장 대중적인 음악을 기반으로 새로운 소리를 만들어냈다. 이 변화는 당시 젊은 세대가 더 크게 공감하고 경험할 수 있는 음악적 매개체를 제공함으로써, 모던 워십의 인기에 크게 기여했다. 이러한 형태의 모던 워십 음악은 본질적으로 하나님께 드리는 예배의 도구가 되었을 뿐 아니라, 대중석인 음악 스타일을 통해 젊은 세대에게도 큰 존재감을 가지게 되었으며, 이에 따라 광범위한 세대 간 의사소통과 경험을 가능하게 하는 통로로 자리 잡았다. 하나님을 찬양하는 노래라는 공통점은 있지만, 모던 워십 음악은 새로운 장르와 스타일을 도입했다는 점에서 경배와 찬양(Praise & Worship) 음악과는 차이가 있다. 모던 워십 음악이 대중적인 음악 스타일을 도입한 이유는 단순히 청중을 끌어들이기 위한 전략이 아니라, 대중음악의 언어를 빌려 하나님의 말씀을 더욱 강력하고 효과적으로 전달하기 위함이었다. 모던 워십의 방식 또한 다양하다. 모던 워십 음악은 기존 찬양 음악이 표현할 수 있었던 감정의 폭을 획기적으로 넓혔다(민경찬, 2001). 기존 음악이 주로 기쁨과 평화를 전달했던 데 비해, 슬픔과 아픔 같은 음악적인 감정도 포함시켰다. 이러한 감정의 확장은 찬양 예배를 더욱 깊이 있는 예배 공동체의 경험으로 발전시켰다. 따라서 모던 워십은 찬양 음악의 새로운 단계를 창출한 것으로 평가 받을 만하다. 이는 기존의 예배와 찬양 스타일에서 벗어나 현대적인 감각에 맞게 재구성된 찬송가라 할 수 있다. 이러한 변화는 모던 워십이 '현대적인' 예배 음악으로 발전할 수 있는 기반을 마련했으며, 여전히 수많은 교회에서 강력한 영향력을 발휘하고 있다.

모던 워십 음악이 갖는 특성들을 분석해 보면, 다음과 같은 특징들이 있다. 첫째, 화성 변화가 적고 코드 진행이 단순하다. 이는 곡의 전체 구조를 이해하고, 주제를 차례대로 따라가는 데 도움을 준다. 또한 간단한 코드 진행은 반복적이며 예측 가능한 패턴을 만들어 내어, 노래를 따라 부르기 쉽게 한다. 둘째, 강약 조절이 뚜렷하다. 곡의 중간중간에 강도를 변화시켜 드라마틱한 효과를 준다. 이는 듣는 이들의 관심을 유지시키는 동시에, 다양한 감정을 전달하고 메시지를 강조하는 도구로 작용한다. 셋째, 일렉트릭 사운드의 사용이다. 모던 워십 음악은 전자음악적 요소를 활용해 다양한 소리를 만들어 낸다. 이는 곡에 다양성을 더하며, 독특한 분위기와 감성을 선사한다. 넷째, 곡 형식의 변화이다. 모던 워십 음악은 전통적인 구조를 깨고, 브릿지라는 새로운 부분을 도입했다. 브릿지는 곡의 다른 부분과는 다른 흐름과 감정을 제공하여 듣는 이들에게 새로운 경험을 선사한다. 또한, 이는 곡의 내용을 강조하고, 곡의 전체적인 흐름을 잇는 역할을 한다. 모던 워십 음악은 이러한 특성을 통해 독특한 양식을 보여 줄 뿐 아니라, 각 곡이 전달하려는 메시지와 감정을 효과적으로 전달한다.

3. 모던 워십의 본질적 적용

찬양이 하는 역할은 다양하지만, 그중 가장 중요한 것은 우리로 하여금 하나님의 구원과 임재를 깨닫게 하고, 우리 자신을 감사와 경외의 마음으로 하나님께 드리는 것이다. 이것이 바로 하나님을 찬양하고 영화롭게 하는 가장 기본적이고 중요한 자세이다(최광덕, 1997). 찬양은 문화적이거나 예술적인 표현에 머물지 않는다. 찬양은 신앙적인 체험을 표현하고, 그 체험을 다른 사람들과 공유하는 데 중요한 역할을 한다. 이를 통해 성도들은 하나님을 영원히 즐거워하며, 신앙의 도움을 받는다. 찬양은 또한 우리가 하나님의 자녀임을 인정하고, 하나님이 주시는 평안과 은혜에 감사하며, 그의 길을 따르겠다는 의지를 표현하는 방법이다. 따라서 찬양은 신앙생활에서 결코 빠질 수 없는 중요한 요소이다. 결국 찬양의 가장 큰 목표는 하나님께 영광을 돌리는 것이다. 그리고 이 과정에서 우리 스스로도 변화하고 성장하게 된다. 우리의 마음이 변하고, 삶이 변하며, 관계가 변하는 것은 모두 올바른 예배를 통해 이루어진다. 이것이 찬양의 가장 중요한 기능과 역할이며, 이를 통해 우리는 하나님의 특별한 은혜와 사랑을 경험하게 된다.

모던 워십에서 적용될 수 있는 본질적이고 중요한 기능은 수직적 기능과 수평적 기능으로 나눌 수 있다. 수직적인 기능은 하나님과 개인의 상호 작용을 의미하며, 수평적 기능은 회중 간의 관계를 뜻한다. 수직적인 찬양의 첫 번째 기능은 하나님 앞에 삶을 드리는 것이다. 하나님을 찬양하며, 그분의 높음과 거룩함을 인정하고, 모든 힘과 권위를 가지신 분임을 고백하는 행위다. 이는 우리의 존경과 경외심을 표현하며, 우리의 관계에서 하나님을 우선시하는 태도를 보여 준다. 예배를 통해 우리는 하나님과 어떻게 관계를 맺을지, 어떻게 그의 뜻을 이해하고 행할지를 배우며, 우리 마음 깊은 곳에서 하나님께 칭송과 순복의 예배를 드리게 된다. 둘째로, 예배는 하나님과의 대화의 기능이다(김소영, 1994). 이 대화를 통해 우리는 하나님의 말씀을 깊이 이해하고, 자신의 삶을 성찰하며, 삶의 목표와 방향을 재조정할 수 있다. 동시에 대화를 통해 자신의 죄를 인정하고 용서를 구하며, 하나님의 명령에 순종하는 태도를 배운다. 이러한 순종은 우리의 일상생활 속에서 하나님을 만나고 그의 나라에 참여하는 삶으로 이어진다. 결국 예배를 통한 대화는 우리의 신앙을 한 단계 끌어올리고, 삶과 세상을 변화시키는 강력한 도구가 된다. 셋째, 하나님의 임재를 경험하는 기능이다(밥 소르기, 1987). 찬양은 하나님의 임재를 부르는 주문이 아니지만, 시편 22편 3절에서 '이스라엘의 찬송 중에 거하는 주여'라고 기록된 것처럼, 주님의 임재를 갈망하지 않는 곳에서는 진정한 예배가 이루어질 수 없다. 주님의 임재가 있는 예배는 공동체가 거부할 수 없는 하나님의 사랑과 은혜로 가득 차며, 더 깊은 수직적인 예배로 나아가도록 이끈다.

수평적 기능은 회중 간의 관계와 상호 작용을 강조하며, 밥 소르기는 수평적 기능에서 세 가지 중요한 요소를 제시했다. 첫째, 찬양은 공동체의 연합 의식을 높이는 역할을 한다. 찬양은 공동체 구성원들을 하나로 모으고, 같은 목표와 비전을 향해 나아가게 하며, 각각의 차이를 뛰어넘어 하나님의 사랑과 은혜 안에서 서로를 이해하고 받아들이게 된다. 찬양은 공동체를 연결하는 중요한 역할을 하며, 우리가 하나님의 한 공동체임을 실감하게 한다. 이를 통해 소속감과 사명 의식이 강화되고, 서로 사랑하고 기도하며 섬기는 의욕을 불어넣게 된다. 둘째, 찬양과 예배는 서로를 섬기는 마음을 형성한다. 이는 "네 이웃을 네 몸과 같이 사랑하라"는 하나님의 명령을 실천하는 데 중요한 역할을 한다. 예배는 하나님을 향한 사랑의 표현일 뿐만 아니라, 우리 곁의 이웃을 사랑하는 마음을 키워 준다. 예배에 참여함으로써 우리는 분명히 하나님을 가장 먼저 사랑하지만, 그 과정에서 우리 곁의 이웃에 대한 사랑도 함께 키워가게 된다. 예배와 찬양은 우리로 하여금 스스로를 희생하며, 이타적으로 다른 사람을 돕기 위한 준비를 할 수 있는 기회를 제공한다. 이는 예수님께서 복음으로 우리에게 "서로 사랑하라"고 가르치는 말씀을 명확히 이해하고 실천할 수 있는 시간이다. 또한, 예배와 찬양을 통해 우리 마음속에 있는 사랑은 더욱 강화되며, 이 사랑은 우리가 일상에서 이웃에게 보여 주는 사랑의 특징이 된다. 이러한 사랑은 우리를 참된 이웃으로 변화시키고, 하나님의 참된 사랑을 이 세상에 나타내게 한다. 이는 우리가 하나님의 십계명이 요구하는 사랑을 실천하며 그에 따라 살아가는 것을 가능하게 한다. 즉, 예배와 찬양을 통해 우리는 "네 이웃을 네 몸과 같이 사랑하라"는 하나님의 말씀을 실천하는 데 필요한 이해와 동기를 얻게 된다.

결국, 예배와 찬양은 우리에게 하나님의 사랑을 체험하고 이를 세상에 전파하는 강력한 도구가 된다. 이를 통해 우리는 하나님의 자녀로서의 책임과 소명을 감당하며, 예수님의 이름을 높이며 그의 공의와 사랑을 실현하는 사명을 분명히 인식하게 된다. 마지막으로, 영적 진리를 가르치고 강화하는 기능을 한다. 찬양을 통해 우리는 서로를 격려하고 위로하며, 공동체의 교제를 강화할 수 있다. 찬양은 하나님의 말씀을 기억하고 기념하는 하나의 예배이며, 우리로 하여금 서로의 삶을 공유하고, 서로 지지하고, 부담을 나누는 기회를 제공한다. 또한 찬양은 서로를 사랑하고, 용서하며, 격려하는 기회를 제공하는 동시에, 하나님께서 우리에게 주신 사랑에 대한 우리의 반응이기도 한다. 따라서 찬양은 우리가 하나님의 사랑을 경험하고, 그 사랑을 이 세상에 나타내는 데 중요한 요소이다.

4. 모던 워십으로 본 오늘날의 예배 비평

포스트모더니즘[18] 시대의 예배는 소위 공동체적, 경험적, 신학적 요소로 이루어진다. 공동체적이라는 것은 예배가 개인의 독단적인 행위가 아니라, 타인과 함께 이루어지는 공동체의 행위여야 함을 의미한다. 경험적이라는 것은 예배가 단순히 두뇌적 지식을 전달하는 데 그치지 않고, 신앙 경험, 즉 신앙생활의 현장에서 얻은 진리를 표현하고 공유하는 과정을 포함해야 한다는 것이다. 마지막으로, 신학적이라는 것은 예배가 전통과 문화에 의해 지배되는 것이 아니라 성경에 근거한 신학적 원리에 따라 이루어져야 함을 뜻한다. 이러한 다양한 특징들은 조화를 이루어야 하지만, 동시에 갈등을 초래할 수 있다. 예를 들어, 공동체적 예배와 개인적 예배, 또는 경험적 예배와 지식적 예배 사이에는 항상 긴장 관계가 존재한다. 그러나 이러한 변화의 맥락 속에서도 예배의 본질과 신학적 원칙은 변하지 않는다는 사실을 기억해야 한다.

20세기 후반 포스트모더니즘 시대에 적합한 예배는, 시대의 특성을 반영하되 예배의 본질과 원칙에서 벗어나지 않는 예배이다. 이러한 예배는 하나님과 인간의 관계, 하나님의 섭리를 이해하고 삶을 통찰하는 데 도움을 주는 힘을 가져야 한다. 이것이 바로 현대 예배의 중요한 과제이자 본질이다. 찬양과 경배는 강력하고 필요한 예배 수단이지만, 어떠한 형태의 예배든 정직하고 순수하지 않다면 우리의 태도를 다시 돌

---

[18] 포스트모더니즘(postmodernism): 후기 모더니즘이 확립하여 놓은 도그마, 원리, 형식 따위에 대한 거부 및 반작용으로 일어난 예술 경향.

아봐야 한다. 비록 외형적으로는 찬양과 경배의 형식을 갖추었더라도, 내면이 타락하거나 오만하다면 그것은 가짜 예배이며, 하나님이 원하시는 예배가 아니다. 그러므로 우리는 찬양과 경배에 참여할 때 성령의 인도에 따라 참되고 순수한 예배를 드려야 한다. 그렇게 할 때 우리의 찬양과 경배는 하나님의 성실함과 사랑에 대한 진정한 반응이 될 수 있다. 찬양과 경배의 부흥했던 시기 동안, 성령의 역사로 인해 많은 사람들이 하나님을 만나고 새로운 삶을 얻은 것은 사실이다. 그러나 동시에 이러한 찬양과 경배는 혼란과 분열을 일으키기도 했다. 예배 형식과 스타일, 노래의 선택, 연주와 인도의 방식 등에서 발생한 문제들은 종종 성도들과 교역자들 사이에서 갈등을 유발했다. 또한, 어떤 경우에는 찬양과 경배가 개인적인 감정 표현이나 감동적인 경험을 추구하는 수단으로 전락하기도 했다. 이런 상황에서 예배는 하나님을 경배하고 영광을 돌리는 행위로서의 본질을 잃고, 개인의 욕구와 욕망을 만족시키는 순간적인 경험으로 변질되기도 했다.

찬양과 경배는 단순히 종교적 행위에 대한 우리의 이해를 반영하거나 인간의 욕구를 만족시키기 위한 수단이 아니다. 이는 하나님께서 우리에게 주신 사랑과 은혜에 대한 우리의 감사와 찬양을 표현하는 수단이 되어야 한다. 따라서 우리는 찬양과 경배의 부흥을 이루는 과정에서, 그것이 하나님의 영광을 위한 것인지, 아니면 우리 자신의 편리함을 위한 것인지 끊임없이 되돌아보아야 한다. 이러한 성찰을 통해 찬양과 경배의 진정한 회복을 기대할 수 있다. 그럼에도 불구하고, 우리는 찬양과 경배의 부흥기가 지닌 의미를 부정할 수는 없다. 다만, 우리는 그 부흥의 약점과 위험성을 인식하고 이를 극복하려는 노력이 필요함을 인정해야 한다. 찬양과 경배가 참되고 순수해야 할 뿐 아니라, 생명을 변화시키고 성령의 역사로 이끄는 강력한 예배 수단이 되어야 한다. 이를 통해 우리는 찬양과 경배의 새로운 부흥이 이루어지고, 예배가 그 본래의 목적에 부합하여 하나님을 영광스럽게 하는 방향으로 다시 회복되기를 바랄 수 있다.

성경에서는 예수 그리스도를 '우리의 모든 것'이라고 고백한다. 그는 우리의 생명과 진리이며, 따라서 모든 것이 예수 그리스도 안에서 균형을 이루어야 한다(가진수, 2020). 그러나 우리는 종종 이러한 균형을 잊곤 한다. 가슴과 머리, 감성과 지성 사이에서 균형을 이루지 못하면 우리의 신앙생활은 불완전해질 수밖에 없다. 가슴을 통해 영적인 경험을 추구하는 것은 중요하지만, 머리 즉 지식과 이해 없이 경험만을 추구한다면 이는 위험할 수 있다. 찬양과 설교, 신앙과 신학도 마찬가지이다. 찬양은 우리의 마음을 하나님께 높이는 강력한 수단이지만, 설교와 신학 없이 올바른 이해와 깨달음을 얻을 수는 없다. 반대로, 설교와 신학만을 강조하고 찬양을 소홀히 하면, 우리는 예배의 영성과 비전을 잃게 된다. 영적인 것과 세상적인 것, 초자연과 자연, 계시와 역사, 영성과 해방 등 모든 요소는 예수 그리스도 안에서 균형을 이루어야 한다. 이러한 균형이 이루어질 때 우리의 신앙은 정상적으로 성장하며 성숙해질 수 있다. 새로운 부흥을 이루기 위해서는 이러한 모든 구성 요소가 균형 있게 작동하고 서로 협력해야 한다. 이를 통해 우리의 예배와 찬양, 그리고 전체적인 신앙생활이 예수 그리스도 안에서 온전히 완성되어야 한다. 찬양과 경배 사역에서 모든 워십 리더들이 주의하고 경계해야 할 몇 가지 중요한 요소가 있다. 최혁의 『찬양리더』에서는 이러한 요소들에 대해 다음과 같이 논의한다(김소영, 1994).

첫째, 감성주의 예배(emotionalism worship)를 주의해야 한다. 감정주의는 예배의 본래 목표와 방향을 흐리게 만들어, 예배의 본질을 훼손할 위험이 있다. 예배는 하나님을 경외하는 마음과 성령의 역사를 받아들이는 데 있어 중요한 역할을 하며, 감정이 이에 관여할 수 있다. 그러나 그 감정이 올바른 방향을 향하도록 주의 깊게 이끌어야 한다는 점을 명심해야 한다. 감정은 신앙 활동에서 중요한 요인으로, 사람의 생각과 행동을 크게 좌우할 수 있다. 따라서 감성적이고 체험적인 예배를 추구하는 것은 유익할 수 있지만, 이러한 감정이 신학적 원칙을 침해하거나 예배의 중심을 흐리게 하지 않도록 조절하는 것이 중요하다. 결국, 모든 예배는 찬양, 감사, 회개, 경배 등을 통해 하나님에게 영광을 돌리는 것이며, 오직 하나님을 위한 것이어야 한다.

둘째, 쾌락주의 예배(hedonism worship)를 주의해야 한다. 쾌락주의 예배란 하나님을 경배하기보다는 자신이 경험하는 쾌감이나 기쁨을 우선시하는 상태를 말한다. 이러한 예배는 결국 자신의 감정과 기분에 좌우되어, 예배가 스스로를 만족시키는 수단으로 전락할 위험이 있다. 이는 예배 참여자들이 감정적 만족감을 얻기 위해 예배에 참석하는 태도로, 신학적인 적절성을 벗어난 것이다. 쾌락주의 예배에서 벗어나기 위해서는 예배의 본질적 의미를 올바르게 이해하는 것이 필요하다. 예배는 감정적 경험에 기반하는 것이 아니라, 하나님을 찬양하고 사랑하려는 의지와 행동에 뿌리를 두어야 한다. 무엇보다 예배는 실제 삶에서 변화를 일으키는 출발점이어야 한다. 예배 후에도 자신의 삶에서 거룩하지 못한 생각과 행동이 변화되지 않는다면, 이는 자신의 예배를 반성해야 한다는 신호일 수 있다. 진정한 예배자란 하나님을 경외하고 사랑하는 마음으로 예배에 임하며, 그 예배가 자신의 삶에 실질적인 변화를 가져오도록 하는 사람이다. 이러한 태도가 곧 하나님이 기뻐하시는 예배의 모습이다.

셋째, 신비주의 예배(mysticism worship)를 주의해야 한다. 신비주의 예배는 감정적이고 기이한 경험을 추구하는 경향을 가지며, 종종 자신을 영적 상위 차원에 놓아두고 현실적 삶과 거리를 두게 만든다. 물론 예배가 항상 눈에 보이는 현실적인 세상에만 초점을 맞출 필요는 없다. 예배는 신비롭고 영적인 측면을 포함하며, 이를 통해 우리는 하나님과 더욱 깊은 관계를 맺고 성령의 도우심을 경험할 수 있다. 그러나 예배는 반드시 현실적인 삶과 연관되어야 한다. 예배는 우리의 영적 측면을 형성하는 동시에, 이를 바탕으로 일상생활에 대한 새로운 관점을 제공해야 한다. 우리의 예배가 일상에 영향을 미치고, 반대로 일상이 우리의 예배에 영향을 주는 상호 작용이 이루어질 때, 우리는 일상에 대한 새로운 관점을 얻을 수 있기 때문이다. 비록 신비적인 예배 체험이 신앙의 일부를 정의할 수 있지만, 이는 결코 다른 가치들을 부정하거나 파괴해서는 안 된다. 따라서 신비주의 예배에서 벗어나기 위해서는 예배가 우리의 일상 삶에 어떻게 영향을 미치는지 이해하고, 하나님의 경외와 사랑을 일상 속에서 실현하는 방법을 배워야 한다. 예배와 삶의 상호 작용을 깊이 이해함으로써 우리는 신앙과 삶이 조화를 이루고 서로를 보완하는 관계를 형성할 수 있다.

5. 예배 형식: '아이자야 씩스티원'의 사례

모던 워십은 공동체적, 경험적, 신학적 소화를 본질적 요소로 삼아 이를 통해 하나님께 영광을 돌리고 성도들이 영적으로 성장하도록 돕는 데 초점을 맞추고 있다. 이러한 조화는 예배가 단순히 개인적인 행위가 아니라, 공동체 안에서 함께 나누는 신앙의 경험임을 강조하며, 신학적 기반 위에서 하나님의 말씀과 진리를 선포하는 데 중점을 둔다. 그러나 일부 현대 예배에서는 감성주의, 쾌락주의, 신비주의와 같은 극단적 요소가 나타나면서, 예배가 하나님 중심에서 벗어나 개인의 감정적 만족이나 체험 중심으로 변질될 위험이 있다. 이러한 왜곡된 예배는 예배의 본질을 상실하고, 개인적 체험을 지나치게 강조하여 공동체적 의미와 신학적 깊이를 약화시키기도 한다. 이를 극복하기 위해 아이자야 씩스티원 예배 공동체는 찬양과 말씀이 자연스럽게 융합된 예배 형식을 실천하였다. 이 예배에서는 찬양과 말씀이 독립적으로 존재하는 것이 아니라, 하나의 연속된 흐름 속에서 참석자들이 하나님의 임재를 경험하고 신앙적 결단을 내릴 수 있도록 설계되었다.

예배에서는 각 찬양에 앞서 관련 성경 구절을 회중이 함께 낭독함으로써 찬양의 신학적 의미를 강조했다. 이는 참석자들이 찬양을 통해 하나님께 더욱 가까이 나아가도록 돕는 역할을 했다. 찬양 시간은 충분히 마련되어 참석자들이 하나님의 임재를 깊이 체험할 수 있도록 했고, 이어지는 짧은 메시지 시간은 찬양으로 높아진 영적 몰입감을 유지하면서도 하나님의 말씀을 통해 삶에 변화를 촉구했다. 마지막으로, 참석자들이 메시지에 대한 결단을 기도와 찬양으로 하나님께 고백하도록 유도했다. 이를 통해 참석자들은 예배에 대한 개인적 책임감과 신앙적 반응을 강화할 수 있었다. 이러한 예배 방식은 참석자 모두가 온전히 예배에 집중할 수 있도록 했으며, 찬양과 말씀이 분리되지 않고 하나의 유기적 경험으로 연결되면서 하나님 중심의 예배를 실현하였다. 아이자야 씩스티원 공동체의 사례는 예배의 본질적 요소인 공동체성, 경험성, 신학적 깊이가 조화를 이룰 때, 참석자들이 하나님을 체험하고 신앙적 성숙을 이룰 수 있음을 보여 준다. 이는 현대 교회 예배에서 흔히 나타나는 문제점, 즉 찬양과 말씀이 단순히 병렬적으로 나열된 형식을 극복하고, 본질 중심의 예배로 나아갈 수 있는 대안적 모델을 제시한다.

6. 미래의 관점에서 보는 모던 워십의 발전

교회는 그리스도를 믿는 성도들이 하나님을 예배하는 장소이자, 공동체 안에서 서로를 사랑하고 돕는 곳이어야 한다. 그러나 많은 사람들이 일주일에 한 번 교회에 가서 설교를 듣고 헌금하는 것으로 신앙의 의무를 다했다고 느끼곤 한다. 이러한 태도는 신앙생활이라기보다는 단순한 의례적인 행위에 불과하며, 교회와 신앙의 생명력을 약화시키는 주요 원인 중 하나다. 더욱이 이런 태도는 자신의 죄책감을 털어버릴 수 있는 편리한 방법으로 여겨지곤 한다. 사람들은 자신의 죄를 인정하고 회개하는 대신, 단지 헌금하고 설교를 듣는 것으로 죄를 사함받았다고 착각할 수 있다. 하지만, 이런 방식은 성도들이 자신의 삶을 변화시키거나 성장하는 데 필요한 도전과 희생을 회피하게 만든다.

즉, 이런 상황은 교회가 세상 사람들과 다를 바 없는, 단순히 편의를 위해 신앙을 이용하는 것처럼 보이게 만든다. 이는 교회와 성도들에게 대중들의 비난과 부정적인 평가를 불러일으킨다. 또한 이러한 태도는 교회로 하여금 단순히 성도 수를 늘리는 데만 초점을 맞추게 만들 수 있다. 그러나 이렇게 되면 교회 내부의 진정한 변화나 성장을 무시하게 만들고, 결국 교회의 생명력을 소멸시킨다. 그래서 교회는 더 이상 이런 태도를 유지해서는 안 된다. 교회와 성도는 예배를 통해 자신의 삶을 변화시키는 데 중점을 두어야 하며, 이를 통해 죄에 대한 깊은 인식과 회개를 이끌어내야 한다. 이 변화는 성도 개개인의 삶뿐만 아니라 교회 공동체 전체로 확산되어야 한다. 이것이 바로 교회의 회복과 재건의 길이며, 모던 워십이 지향해야 할 핵심적인 방향이다. 따라서 오늘날 교회에서 가장 시급하게 필요한 부분은 다음 세 가지이다. 첫째, 3세대 통합적 예배(3 Gen Integrated Worship), 둘째, 선교적 예배 공동체(Missional Worship Community), 셋째, 예배 멘토십(Worship Mentorship)이다.

가. 3세대 통합적 예배 (3 Gen Integrated Service)

첫째, "3세대 통합적 예배"(3 Gen Integrated Service)이다. 성경은 세대와 세대가 나뉘어 예배드리는 것을 제시하거나 가르치지 않는다. 오히려 시편에서는 모든 세대가 함께 예배하며 말씀을 나눌 것을 권고하고 있다(시편 78:4, 시편 145:4). 성경은 세대 간 예배 참여와 신앙 교육의 중요성을 강조하며, 모든 세대가 하나님과의 관계를 형성하고 예배를 통해 하나님을 찬양하도록 격려한다. 3세대 통합 예배는 가족 구성원들이 함께 예배를 참여하며, 서로의 삶과 신앙을 공유할 수 있는 기회를 제공한다. 이를 통해 가족 간의 유대를 강화하고 서로에 대한 이해와 연결성을 증진시킬 수 있다. 이를 실현하기 위해 첫 번째로 "함께 모여 예배할 수 있는 공간과 시간"(Place and Time)이 필요하다.

"한국 교회에서의 주일 낮 예배는 어린이들과 청소년들을 고려하지 않고 있다. 물론 그들은 각각 주일학교에서 예배를 드린다. 그러나 예배는 근본적으로 공동의 잔치다. 그들과 함께 드리는 공동의 예배가 고려되어야 한다."[19] 3세대 통합 예배는 말 그대로 세대에 관계없이 모든 성도들이 동일한 준비와 참여를 통해 예배를 드린다는 개념을 내포하고 있다. 이러한 예배 형태는 나이, 세대, 문화적 배경으로 파편화된 교회 구성원들을 하나로 이어주는 역할을 한다. 단일 예배를 통해 세대 간 사랑과 상호 이해, 기독교 공동체 내 연대감을 형성하여 교회 공동체의 단합력을 강화하는 데 크게 기여한다.

모든 공동체가 함께 모여 하나님 앞에 서서 예배드리는 것은 서로에 대한 명확한 이해와 공감을 심어 준다. 이는 교회 내에서 서로 이해하고 돕는 더욱 건강한 공동체를 만들어 낸다. 이러한 통합적 예배는 세대 간의 장벽을 없애고, 서로를 더욱 이해하고 배려하며, 예배를 통해 하나가 되는 공동체를 형성하는 데 중요한 역할을 한다. 3세대 통합적 예배는 다양한 세대의 시각, 감성, 표현이 함께 어우러져 교회의 다양성을 존중하고 이를 드러낸다. 함께 모여 예배할 수 있는 공간과 시간

---

[19] 김상구, 『일상생활과 축제로서의 예배』 (서울: 도서출판 이레서원, 2005), 279.

이라는 개념을 실천하는 셈이다. 함께 예배하며 생명의 말씀을 나누는 것은 교회 공동체의 일원으로서 책임감과 사명감을 견고히 하는 데도 큰 역할을 한다.

둘째, 3세대 통합적 예배를 위해서는 모든 세대를 아우를 수 있는 찬양(Integrated Praise and Worship)이 필요하다. 3세대 통합적 예배를 위해서는 다양한 음악적 스타일과 찬양이 예배 안에 포함되어야 한다. 특정 세대에만 초점을 맞춘 예배 음악은 다른 세대를 외면하거나 배제하는 결과를 초래할 수 있다. 따라서, 모든 세대가 참여하고 연결될 수 있는 음악을 선택하는 것이 중요하다. 예를 들어, 고전적인 찬송가는 공감력과 역사적 깊이를 지니고 있어 노년층과 중장년층에게 특히 친숙하게 다가갈 수 있다. 반면, 모던 워십 스타일의 찬양은 젊은 세대와 어린이들에게 활력과 동적인 감성을 제공할 수 있다. 이러한 통합된 찬양은 세대 간 의사소통과 상호 이해를 증진시키며, 예배의 중심인 하나님께 모든 사람들을 집중하게 만든다. 이를 위해, 워십팀들과 워십 리더들은 예배에 참여하는 모든 세대를 고려하여 찬양 선곡과 리드 방식을 계획하고 실행해야 한다. 결과적으로, 3세대 통합적 예배는 모든 세대를 아우를 수 있는 찬양과 예배가 이루어질 때 실현 가능하다. 이는 세대 간 소통을 이끌어 내고. 교회를 하나의 공동체로 단단히 묶으며, 예배를 통해 모두가 하나님 앞에 함께 서는 신앙 공동체의 가치를 재확인하는 중요한 과정이 된다.

셋째, 3세대 통합적 예배가 되기 위해서는 모든 세대가 공감할 수 있는 설교 (Integrated Sermon)가 필수적이다. 설교는 신앙의 교리를 가르치고, 신앙 공동체의 신앙심을 다지며, 신앙의 삶을 이끌어가는 주요한 수단이다. 3세대 통합적 예배의 설교는 다양한 연령층이 이해할 수 있는 통찰력 있고 깊이 있는 하나님의 말씀을 전해야 한다. 이를 통해 모든 성도들이 하나님과의 관계를 더 깊이 형성할 수 있도록 도와야 한다. 어린이들은 이야기, 비유, 동화를 활용한 설교를 친근하게 받아들인다. 젊은 세대는 현대 문화와 이슈를 신앙적 시각으로 풀어낸 설교에 관심을 가지는 경향이 있다. 중장년층과 노년층은 신학적 깊이가 담긴 전통적인 설교 방식을 선호한다. 따라서 설교자는 말씀을 전할 때 적당한 비유와 예시, 쉬운 언어 등을 사용해 각 세대의 필요를 고려해 설교를 준비해야 한다. 또한, 각 세대가 처한 고민과 도전에 대해 이해하고 공감하는 태도도 중요하다. 이렇게 함으로써, 설교자는 모든 세대를 아우르는 메시지를 선포하고, 교회 공동체의 영적 필요를 충족시킬 수 있다. 결국, 3세대 통합적 예배를 위한 설교는 세대 간 소통과 이해를 촉진하고, 모든 세대가 하나님과의 관계를 깊이 하는 데 도움을 주는 것을 목표로 해야 한다.

나. 선교적 예배 공동체 (Missional Worship Community)

선교학자 크리스토퍼 라이트는 "예수 그리스도의 복음을 모르거나 거부하는 곳은 어느 곳이나 선교지다"라고 말한다(크리스토퍼 라이트, 2012). 선교에 대한 잘못된 인식은 개인의 신앙적 배경과 교육 경험 등에 따라 다르게 형성될 수 있다. 이러한 오해는 종종 성경적인 기반이 없을 때 일어날 수 있다. 선교에 대한 잘못된 인식 몇 가지는 다음과 같다. 첫째, 선교는 특별한 사람들만이 하는 일이다. 둘째, 선교는 해외에서만 할 수 있다. 셋째, 선교사는 항상 위험하거나 부족하게 살아야 한다. 존 파이퍼는 선교에 대해서 이렇게 설명한다.

"선교는 교회의 궁극적인 목적이 아니다. 교회의 궁극적인 목적은 예배이다. 선교는 예배가 없기 때문에 존재한다. 선교가 아니라 예배가 궁극적이다. 왜냐하면 인간이 아니라 하나님이 궁극적이기 때문이다. 이 시대가 끝나고 셀 수 없이 많은 구속된 자들이 하나님의 보좌 앞에 엎드릴 때, 선교는 더 이상 존재하지 않을 것이다. 선교는 일시적으로 필요하다. 하지만 예배는 영원히 있을 것이다. 그러므로 예배가 선교의 연료이자 목적이다."(존 파이퍼, 2018)

이와 같은 관점에서 선교적 예배 공동체는 주일에 교회에서만 모이는 일회적인 모임이 아니라, 성도들의 삶 속에서 지속적으로 복음의 현장을 살아내는 공동체를 의미한다. 이를 위해, 선교적 예배 공동체로 살아가기 위해 다음 세 가지를 제시한다.

첫째, 선교적 예배 공동체가 되기 위해서는 말씀 중심의 공동체가 되어야 한다. 말씀은 하나님으로부터 온 진리이기 때문에, 이를 중심으로 공동체는 함께 성장하고 변화하며, 하나님의 사랑과 그리스도의 복음을 전파하는 선교적 행동으로 나아갈 수 있다. 말씀 중심의 공동체는 일상 속에서 그리고 주일 예배에서 정기적으로 하나님의 말씀을 나누며, 그것에 대해 공동체 안에서 폭넓게 토론하고 깊이 있게 이해하려는 노력이 중요하다. 또한, 하나님의 말씀을 통해 삶을 더욱 깊이 이해하고, 변화하는 사회와 세상에 어떻게 하나님의 뜻을 따라 살아갈 것인지 함께 고민해 나가는 것이 필요하다. 이렇게 하나님의 말씀이 공동체의 모든 구성원에게 깊이 뿌리내리고, 그들의 삶을 지배하게 될 때, 개인과 공동체 모두가 신앙의 성장을 이루게 될 것이다. 그렇게 되면, 공동체는 자연스럽게 하나님의 의지에 따라 선교적 행동으로 이어지는 선교적 예배 공동체로 발전하게 될 것이다.

둘째, 선교적 예배 공동체가 되기 위해서는 학습 중심 공동체(Study Centered Community)가 되어야 한다. 말씀 중심의 공동체가 되려면 그 말씀을 이해하고 적용하는 능력, 즉 꾸준한 학습이 필요하다. 학습 중심 공동체는 성경적 진리를 배우고, 그 의미를 깊이 이해하며, 이를 실제적인 삶에 어떻게 적용할지를 함께 학습하고 나누는 공동체를 뜻한다. 이러한 학습은 서로를 격려하며 성장하는 데 도움을 주고, 꾸준한 성찰로 이어져 참된 신앙 생활의 바탕이 된다. 무엇보다도 하나님을 사랑하고 이웃을 사랑하는 명령은 우리가 하나님을 더 잘 알고, 가까이 지내기 위한 것이다. 따라서, 이 명령을 실천하는 가장 좋은 방법은 성경을 공부하고 그 말씀을 더 깊이 묵상하며 삶에 적용하는 것이다. 학습 중심 공동체가 되면, 공동체는 하나님에 대한 이해를 깊게 하는 데 그치지 않고, 하나님의 말씀을 세상에 전파하는 선교적 역할을 충실히 수행할 수 있다. 이러한 성장과 변화의 과정에서 선교적 예배 공동체가 형성된다. 말씀 중심, 학습 중심 공동체가 되어 서로 격려하고 돕는 법을 배울 때, 우리는 하나님의 형상을 더욱 잘 나타낼 수 있으며, 그분의 복음을 세상에 전하는 데 강력한 기반을 마련할 수 있다.

셋째, 선교적 예배 공동체가 되기 위해서는 전도 중심 공동체(Evangelism Centered Community)가 되어야 한다. 전도는 복음을 전하는 것을 의미하며, 전도 중심 공동체는 이러한 복음 전파를 우선시하는 공동체를 말한다. 전도 중심 공동체가 되기 위해서는 먼저 하나님의 말씀을 깊이 이해하고, 스스로 그 말씀에 따라 살아가는 모습을 보여야 한다. 이러한 삶의 모습은 단순히 말로만 복음을 전하는 것이 아니라, 행동과 삶을 통해 복음의 가치를 실현하는 데 있다. 전도 중심 공동체에서는 개인뿐만 아니라 서로를 돕고 격려하며 함께 성장하는 모습이 보여야 한다. 이러한 과정을 통해 공동체 내에서 친밀한 관계가 형성되고, 이를 바탕으로 하나님의 말씀을 사랑하고 복음을 전하는 사람들의 네트워크가 만들어진다. 전도 중심 공동체는 또한 복음을 전파하는 데 필요한 다양한 방법과 전략을 공유하고 학습하는 장소가 되어야 한다. 선교, 예배, 훈련 등의 다양한 활동을 통해 전도의 방법을 배우고 실천하는 것이 중요하다.

결국 전도 중심 공동체는 성도 간의 동질감을 형성하고, 이를 바탕으로 각 성도가 하나님의 말씀을 존중하며 복음을 전하는 삶을 살아가는 데 초점을 맞춘다. 이러한 원칙 아래, 우리는 선교적 예배 공동체가 될 수 있다. 하나님의 말씀이 우리의 삶 속에서 빛을 발하고, 이를 통해 세상에 복음의 빛을 비추는 성도들이 되는 것이 바로 선교적 예배 공동체의 목표이다.

다. 예배 멘토십 (Worship Mentorship)

교회마다 멘토링을 제대로 시행하지 못하는 이유는 다양하지만, 그중 가장 큰 세 가지 이유는 다음과 같다. 첫째, 시간과 자원의 부족, 둘째, 의사소통 및 관계 구축의 어려움, 셋째, 세대 간의 문화적 차이에서 오는 갈등이다. 이러한 이유들로 멘토링이 이루어지지 않는 경우가 많다. 그러나 현재 한국 교회가 건강한 다음 세대 워십 리더들을 양성하지 못한다면, 리더십의 공백으로 인해 교회의 본질적 목적이 되는 '예배'의 깊이와 넓이를 경험하기 어려워지는 심각한 문제에 직면할 수 있다. 반대로, 교회와 예배 공동체에 효과적인 예배 멘토십을 도입한다면, 건강한 다음 세대 예배자들이 세워질 뿐만 아니라, 예수 그리스도의 몸인 지역교회와 그 교회를 넘어 사회 곳곳에서 하나님의 나라가 이루어지는 놀라운 일들을 볼 수 있을 것이다. 이러한 비전을 실현하기 위해 다음 세 가지를 제안한다.

첫째, 지속 가능한 멘토링 시스템(Sustainable Mentoring System)이다. 멘토링이라는 용어는 성경에서 직접적으로 발견되지는 않지만, 그 원리는 성경 속 여러 인물들을 통해 명확히 드러난다. 성경은 멘토링의 교과서라 할 수 있다.[20] 멘토링 시스템이란 경험 많은 선배가 지도하며, 후배가 그 경험과 지식을 배울 수 있도록 돕는 시스템을 의미한다. 이를 통해 워십 리더들은 개인적인 능력이나 재능에만 의존하지 않고, 선배 리더들로부터 배운 지식과 이해를 바탕으로 성장하고 발전할 수 있는 기반을 제공받게 된다.

지속 가능한 멘토링 시스템이 중요한 이유는 이를 통해 다음 세대 워

---

20 문병하, "크리스천 리더십으로서의 멘토링에 대한 고찰," 『한국기독교신학논총』 68 (2010): 359-378, 363.

십 리더들이 지속적으로 성장하며, 그들이 맡은 사역에서 능력을 발휘할 수 있기 때문이다. 이러한 시스템은 궁극적으로 예배와 지역 교회에 긍정적인 영향을 미치는 리더들을 지속적으로 양성하는 데 큰 도움을 준다. 지속 가능한 멘토링 시스템을 구축하기 위해 다음 세 가지 요소가 필요하다. 첫째, 효과적인 멘토링 관계를 형성해야 한다. 이는 숙련된 리더가 후배 리더들과 긴밀하게 소통하며, 그들의 발전을 돕기 위해 필요한 지도와 조언을 제공해야 한다. 둘째, 멘토링 시스템이 계속 운영되기 위해서는 교회, 예배팀, 멘토들 간의 협력이 필요하며, 이를 위해 적절한 자원과 지원이 뒷받침되어야 한다. 셋째, 멘토링 과정은 기술적인 측면과 리더로서의 역량, 올바른 자세, 깊이 있는 신앙생활 등을 배우고 적용할 수 있도록 설계되어야 한다. 이렇게 모던 워십 안에서 지속 가능한 멘토링 시스템을 구축하고 운영함으로써, 우리는 다음 세대 워십 리더들이 지속적으로 성장하며, 리더십 역량을 향상시킬 수 있는 기회를 제공할 수 있다.

둘째, 구성주의 중심의 예배 교육(Constructivism Centered Worship Education)이 필요하다. 구성주의 학습 이론은 학습자 중심의 교육 방식을 기반으로 하며, 학습자가 자신의 이해와 지식을 구축하는 과정을 강조한다. 이는 학습자가 새로운 정보를 받아들이고 기존의 지식 구조에 통합하여 새로운 지식을 생성하는 데 초점을 맞춘다. 구성주의 학습은 강사가 정보를 제공하고 학습자가 그 정보를 수동적으로 수용하는 전통적인 교육 방식과는 대조적이다. 대신 학습자는 자신의 학습 경험을 스스로 창조하며, 그 경험을 통해 개인적인 의미를 도출하고 이해를 확장해 나간다. 따라서 구성주의 학습은 학습자의 이해와 지식 구축을 촉진하는 완전히 새로운 교육 전략과 방법을 요구한다. 이는 학습자 자신이 학습의 주인공임을 인정하고, 각 학습자의 개별적인 필요와 관심사에 기반한 학습 경험을 제공하려는 시도이다. 이러한 접근 방식은 학습자가 자신의 학습 과정을 주도하고, 지식을 생성하고, 그 지식을 실제 상황에 적용하도록 격려한다.

구성주의 중심의 예배 교육은 실제 예배 상황, 예배 리더의 역할, 예배의 중심 메시지 등에 집중하면서, 리더가 예배 참여자들을 효과적으로 이끌어 가는 방법을 중요시하는 교육 방식이다. 이 교육 방식은 이론적인 지식뿐만 아니라 실질적인 경험을 통해 얻은 배움을 활용하는 능력을 강조한다. 워십 리더들은 이 교육 과정에서 참여, 연결, 창조, 반영 등의 핵심 기술들을 배울 수 있다. 따라서 구성주의 중심의 예배 교육은 다음 세대 워십 리더들에게 심층적이고 풍부한 예배 경험을 제공하며, 그들은 예배 리더로서의 역할과 사명을 명확하게 이해하게 될 것이다. 이렇게 멘토링과 구성주의 중심의 예배 교육이 결합되면, 다음 세대 워십 리더들은 신앙 생활과 예배 리더로서의 역할에 대한 깊은 이해를 바탕으로 지속적으로 성장하고 발전할 수 있게 될 것이다.

셋째, 워십 리더들만의 커뮤니티 조성(Platformized Worship Leader Community)이다. 워십 리더 커뮤니티를 만드는 것은 예배 멘토십의 중요한 부분이다. 이러한 커뮤니티는 워십 리더들이 서로의 경험을 공유하고, 서로를 돕고, 함께 성장할 수 있는 장을 제공한다. 워십 리더들은 이 커뮤니티를 통해 서로에게 배울 수 있으며, 성공과 실패의 경험을 공유하면서 서로를 돕고 함께 성장할 수 있다. 같은 목표를 향해 나아가는 리더들과의 연결은 워십 리더들이 자신의 역할을 더 깊이 이해하고 효과적으로 수행하는 데 큰 도움이 된다. 또한, 이 커뮤니티는 새로운 아이디어와 전략을 공유하는 장소가 될 수 있다. 이는 리더들이 예배를 더 창의적이고 효과적으로 이끌어 나갈 수 있도록 돕는다. 커뮤니티 내의 다양성은 새로운 관점과 접근법을 가져다 줄 수 있다. 마지막으로, 플랫폼형 워십 리더 커뮤니티는 리더들이 힘든 시기와 도전을 함께 극복할 수 있는 지원 네트워크를 제공한다. 워십 리더로서의 삶은 때로 외로울 수 있지만, 같은 비전을 가진 동료들로 이루어진 커뮤니티는 직면한 어려움을 이해하고 서로를 돕는 강력한 연합을 만들어 낼 수 있다.

7. 워십 리더가 갖추어야 할 자질

과거에는 워십 리더는 예배 중 찬양을 잘 인도하는 역할만으로 충분하다는 인식이 일반적이었다. 그러나 현대 교회 환경과 예배의 변화는 워십 리더의 역할을 단순한 찬양 인도자에서 벗어나 더 다양하고 포괄적인 사역자로 변화시켰다. 디지털 기술의 발달, 팀 사역의 중요성, 그리고 예배의 다차원적 구조는 워십 리더에게 새로운 자질과 능력을 요구하고 있다. 필자는 모던 워십 리더가 갖추어야 할 자질을 음악적 워십 리더십(Musical Worship Leadership), 목양적 예배 리더십(Pastoral Worship Leadership), 구조적 예배 리더십(Constructional Worship Leadership)의 세 가지 영역으로 분석하고, 이들의 본질적 역할과 중요성을 제시하려고 한다.

가. 음악적 워십 리더십(Musical Worship Leadership)

음악적 워십 리더십은 워십 리더의 가장 기본적인 자질이지만, 현대 교회는 단순히 찬양을 잘 인도하는 수준을 넘어서는 역량을 요구하고 있다. 워십 리더는 음악적 감각과 기술뿐만 아니라, "총체적인 프로덕션 요소에 대한 깊은 이해"를 갖추어야 한다. 음향, 조명, 방송 등 디지털 기술은 현대 교회의 예배에서 중요한 역할을 하며, 워십 리더는 이러한 기술을 활용해 예배의 흐름을 더욱 효과적으로 전달할 수 있어야 한다. 이는 단순히 기술적인 이해를 넘어, "예배의 전체적인 흐름을 읽고 리딩하는 능력"을 포함한다. 찬양 인도의 기술은 필수적이지만, 이를 기반으로 예배의 시각적, 청각적 요소를 통합적으로 관리할 수 있는 역량이 현대 워십 리더에게 요구된다.

나. 목양적 워십 리더십 (Pastoral Worship Leadership)

워십 리더의 목양적 리더십은 팀원들과 회중의 영적 성장을 돕는 데 핵심적인 역할을 한다. 목양적 리더십은 단순히 목회자만의 역할이 아니라, 팀의 리더로서 팀원들을 영적으로 돌보고 함께 성장의 길을 걸어가는 것을 의미한다. 워십 리더는 팀원들의 신앙적 필요를 이해하고, 그들이 '믿음의 장성한 분량'에 이를 수 있도록 지속적으로 격려하며 이끌어야 한다. 이는 영적 지도자로서의 책임을 포함하며, 예배 팀이 단순한 공연 팀이 아닌 영적 공동체로 기능하도록 돕는 것을 목표로 한다. 또한, 워십 리더는 자신의 영적 삶에서도 모범을 보여야 하며, 이를 통해 팀원들에게 신앙과 삶의 일치된 모습을 제시해야 한다.

다. 구조적 워십 리더십(Constructional Worship Leadership)

구조적 워십 리더십은 워십 리더에게 새로운 도전 과제를 제시하는 중요한 영역이다. 현대 교회 환경에서 행정적 요소는 예배와 팀 사역의 지속성을 보장하는 데 핵심적인 역할을 한다. 많은 워십 리더가 음악적, 목양적 역할에서는 뛰어난 능력을 발휘하지만, 행정적 관리 능력의 부족으로 인해 팀 운영과 사역 기록이 미흡한 경우가 적지 않다. 워십 리더는 팀원들의 역할을 명확히 정의하고, 예배와 사역의 기록을 체계적으로 관리함으로써 팀의 연속성을 유지하고 공동체의 발전을 도와야 한다. 이러한 기록은 팀의 역사와 사역의 자산으로서 예배 공동체에 큰 가치를 제공하며, 미래의 계획과 방향성을 수립하는 데 필수적이다. 행정적 요소는 단순한 관리 업무를 넘어, 예배 공동체의 비전을 실현하는 도구로 작용한다.

워십 리더가 위의 세 가지 리더십 자질을 갖추는 것만으로는 충분하지 않다. 워십 리더에게 가장 근본적이며 본질적인 자질은 하나님의 말씀을 사랑하고 이를 삶에서 실천하는 균형 있는 영성이다. 예배는 단순히 음악적 퍼포먼스가 아니라, 하나님과의 관계를 드러내는 행위이다. 워십 리더는 말씀 중심의 삶을 통해 자신의 예배 인도를 강화하고, 예배 안에서 이중적 태도를 배제하며, 신앙과 삶이 일치된 모습을 보여야 한다. 이러한 영성은 예배를 통해 회중과 팀원들에게도 전달되며, 그들의 신앙적 성장과 공동체적 연대를 돕는 중요한 역할을 한다.

현대 워십 리더는 단순히 찬양을 인도하는 역할을 넘어, 음악적 전문성, 목양적 돌봄, 그리고 행정적 역량을 아우르는 다차원적 역할을 수행해야 한다. "음악적 워십 리더십"(Musical Worship Leadership)은 음악과 기술의 융합을 통해 예배의 흐름을 효과적으로 이끄는 능력을 포함하며, "목양적 워십 리더십"(Pastoral Worship Leadership)은 팀원들과 회중의 영적 성숙을 돕는 목양적 책임을 수반한다. 또한 "구조적 워십 리더십"(Constructional Worship Leadership)은 예배와 팀 사역의 지속성을 위한 행정적 관리 능력을 요구하며, 이를 통해 공동체의 발전을 돕는다. 그러나 이 모든 것의 기초는 하나님의 말씀을 사랑하고, 신앙과 삶이 일치된 모습을 실천하는 균형 있는 영성이다. 모던 워십 리더는 이러한 자질을 통해 예배의 본질을 회복하고, 하나님께 영광을 돌리는 사역을 감당할 수 있을 것이다.

8. 중·고·대 찬양 및 예배 사역의 방향:

"찬양, 변화하는 시대를 고려한 변하지 않는 진리 전달하기"

하나님을 예배하고 찬양한다는 것은 인간의 영성과 정서를 표현하는 중요한 방법 중 하나이다. 구약 시대부터 현대에 이르기까지 예배의 전통은 끊임없이 발전하고 변화해 왔다. 예배 방식은 각 시대, 지역, 전통, 신학에 따라 다양하게 변모해 왔지만, 이러한 변화는 항상 성경 말씀과 기독교 신앙의 본질에 충실하려는 노력으로 이루어졌다.

성경 말씀은 변하지 않는 진리이다. 이는 기독교 신앙의 본질이며 기준이다. 그러나 성경 말씀이 변하지 않더라도, 그 말씀을 이해하고 실천하는 방식은 시대에 따라 변할 수 있다. 예를 들어, 찬양과 예배는 성경의 핵심 메시지를 전달하는 중요한 도구로서, 각 시대와 문화의 요구에 맞추어 변화하고 발전해 왔다. 찬양은 이러한 변화와 발전을 가장 잘 보여 주는 영역 중 하나이다. 시대가 바뀌면 음악의 경향도 달라지고, 이는 하나님을 찬양하는 음악에도 영향을 미친다. 하나님을 찬양하는 음악은 단순히 하나님의 말씀을 전달하는 통로가 아니라, 신앙생활의 중요한 부분을 형성하는 예술적인 표현이기도 하다. 따라서 찬양과 예배는 현대 사회와 문화가 요구하는 방식에 맞추어 지속적으로 변화하고 발전해 나가야 한다.

하지만 이 모든 변화는 단순히 현대의 문화적 경향을 수용하는 데 그치지 않고, 성경 말씀과 기독교 신앙의 본질을 현대적인 방식으로 표현하는 것이어야 한다. 찬양과 예배는 우리가 하나님께 경외와 사랑의 마음을 표현하는 동시에, 우리의 신앙을 강화하고 다른 사람들에게 그리스도의 복음을 전하는 데 기여해야 한다. 이러한 관점에서 볼 때, 찬양과 예배의 변화와 발전은 기독교 신앙의 살아 있는 표현이며, 그 힘과 효과를 확대하는 데 중요한 역할을 한다.

현대 예배의 주요 과제는 새로운 시대를 이해하고 그에 적합한 형태를 성립하는 것이다. 오늘날 우리는 개인주의와 소비문화가 지배하는 시대에 살고 있다. 이에 따라 예배의 스타일과 내용 역시 새롭게 변화해야 한다. 예배는 개인의 일탈이 아닌 공동체의 일부로 자리 잡아야 한다. 또한 예배는 소비의 대상이 아니라, 예배자가 적극적으로 참여하고 공동체를 위해 헌신하는 행위가 되어야 한다. 20세기 후반에 이르러 예배는 전통적인 형태에서 벗어나 현대의 특수한 시대를 반영한 새로운 형태를 갖추게 된다. 이는 예배를 성공적으로 진행하고, 예배자들에게 더욱 의미 있는 경험을 제공하기 위해 필요한 변화였다.

이러한 변화는 성령의 역사와 함께 자연스럽게 이루어진다. 예배의 변화와 발전은 인위적인 방법이 아니라 성령의 움직임을 통해 역동적으로 진행된다. 이는 성경적이고 신학적인 원칙을 바탕으로 하며, 예배자를 중심으로 이루어진다. 새로운 시대에 맞춰 예배 스타일은 변화할 수 있지만, 예배의 본질과 신학적 원칙은 변하지 않아야 한다는 점이 무엇보다 중요하다. 예배는 변화하는 시대와 문화 속에서도 본질을 잃지 않고, 예배자들에게 그 의미와 가치를 전달해야 한다. 이를 통해 현대 예배는 하나님과 인간이 만나고 소통하는 공간이 될 수 있을 것이다.

중·고·대, '부모 및 가정 사역' 이렇게 하라

강은도 목사 · 더푸른교회

1. 가정과 교회: 하나님의 두 축복의 기관

하나님께서 인간에게 주신 특별한 두 기관이 가정과 교회이다. 가정은 천국을 맛보게 하기도 하고, 고통을 경험하며 우리를 단련하는 공간이기도 하다. 남자와 여자가 만나 사랑하고 결혼하며, 아버지와 어머니로 변화해가는 모든 과정이 하나님이 설계하신 놀라운 계획이다. 하지만 가정에서의 삶이 항상 행복하기만 한 것은 아니다. 기쁨과 슬픔, 성공과 실패, 평화와 갈등이 뒤섞여 우리를 더욱 성숙하게 만든다.

제가 섬기는 교회는 아이들이 많아 유모차 주차난이 있을 정도이다. 어린 자녀를 둔 부모님들의 눈빛은 사랑으로 가득 차 있지만, 그 아이들이 성장하며 겪는 갈등과 도전 앞에서 부모들은 때로 좌절감을 느끼기도 한다. 우리는 이러한 갈등이 왜 생기는지, 그리고 이 과정을 통해 무엇을 배워야 하는지 깊이 생각해야 한다. 가정은 하나님이 우리를 빚어가시는 작업실이다. 가정에서의 경험을 통해 우리는 하나님의 계획과 사랑을 더 깊이 이해하게 된다.

2. 갈등: 가정을 성숙하게 하는 필연적인 과정

많은 부모가 아이와의 갈등을 피하고 싶어 하지만, 갈등은 피할 수 없는 현실이며 오히려 성장을 위한 필연적인 과정이다. 성경에서도 이상적인 가정은 없다. 이삭은 편애로 인해 야곱에게 깊은 상처를 남겼고, 야곱 역시 요셉을 편애하며 아버지의 잘못을 반복했다. 이처럼 가정은 완벽하지 않으며, 갈등은 자연스러운 일이다. 부모로서 우리는 갈등을 두려워하기보다는, 이를 통해 자녀와 함께 성장할 기회로 삼아야 한다. 부모와 자녀 간의 갈등이 심화되는 이유 중 하나는 부모가 정답을 너무 빨리 제시하려는 데 있다. "안 돼", "하지 마", "이건 이렇게 해야 해" 같은 말은 자녀에게 공감이 아닌 강요로 느껴질 수 있다. 부모가 자녀에게 "내가 항상 네 편이다. 네가 실패해도 나는 네 곁에 있다"는 메시지를 전달할 때, 자녀는 부모를 신뢰하게 된다. 이 신뢰는 갈등을 해소하고, 더 깊은 관계를 형성하는 초석이 된다.

3. 중고등학생과 부모의 관계

고등학생 시기는 성인기로의 전환을 준비하는 중요한 단계로, 이 시기에는 학업 스트레스와 부모와의 의사소통 문제 등이 두드러지게 나타난다. 2016년 한국 어린이·청소년 행복지수 설문 조사에 따르면, 고등학생들은 중학생보다 학업 관련 스트레스를 더 많이 느끼며, 부모와의 대화 단절로 인한 스트레스도 증가하는 것으로 나타났다. 고등학교 시기는 중학생 시기와는 다른 발달적 특성을 보이는 시기이다. 중학교 시기에 흔히 나타나는 폭발적인 반응은 감소하는 반면, 관계나 내면의 생각과 감정이 심화된다. 이러한 변화로 인해 부모는 자녀와의 관계가 더욱더 어렵게 느껴질 수 있다. 신체적으로도 자녀가 부모보다 더 성장한 모습을 보이게 되면서, 상대적으로 작게 여겨졌던 중학생 시절과 달리 부담스러움을 느끼는 경우가 많아진다. 그러나 판단 능력이나 사회적 수행 능력이 아직 성인 수준에 미치지 못하기 때문에, 부모와 자녀 모두 혼란을 경험하게 된다.

이 시기에 부모는 자녀의 발달을 전생애적 관점에서 지지해 주는 것이 중요하다. 전생애적 발달 관점이란, 탄생에서 죽음까지 생애 전반에 걸쳐 다차원적이고 다방향적으로 이뤄지는 성장, 유지, 쇠퇴 과정을 포함한다고 보는 발달 심리학적 관점을 말한다.

2016년 한국 청소년 행복지수 설문 조사 결과에 따르면, 부모와의 대화가 잘 통하지 않아 스트레스를 받는 비율은 중학생의 경우 22.6%, 고등학생의 경우 24.0%로 나타났다. 또한 공부로 인한 스트레스를 호소하는 비율은 중학생이 22.9% 고등학생이 28.1%로 조사되었다.

중학생 시기에는 알 수 없는 감정(쾌감, 분노, 슬픔 등)이 춤을 추듯 요동치는 시기로, 이로 인한 스트레스와 함께 충동적이고 폭발적인 행동이 나타나 부모와 자녀 모두 힘겨운 시간을 보내는 경우가 많다. 반면, 고등학생 시기에는 눈앞에 닥친 입시로 인해 학업 부담이 크게 증가하며, 부모와의 관점 차이가 극에 달하기도 한다. 대부분의 시간을 학교와 학원에서 보내는 고등학생들은 물리적으로 부모와 대화할 시간이 현저히 줄어들게 된다. 이로 인해, 아이들이 내면적으로 경험하는 다양한 갈등과 고민이 사소한 계기로 예상치 못한 형태로 표출되기도 한다.

이 시기에 부모는 자녀의 자율성을 존중하면서도 적극적인 지지와 관심을 제공해야 한다. 자녀가 스스로 생각하고 결정할 수 있는 기회를 주고, 감정적인 대화보다는 차분하고 논리적인 소통을 통해 자녀의 사고력과 문제 해결 능력을 향상시킬 수 있다.

우선, 부모는 자녀의 인지 발달 상황에 대한 깊은 이해와 학습이 필요하다. 청소년기는 피아제가 설명한 인지 발달의 마지막 단계인 형식적 조작기에 해당한다. 이 단계는 논리적이고 추상적인 사고가 가능해지는 시기를 말한다.

문제는 자녀가 성장하는 반면, 부모들은 종종 자신의 기억 속에 자녀를 가둬두려는 경향을 보인다는 점이다. "내 아이가 … 이랬는데"와 같은 과거 회상은 이미 시간이 지난 자녀의 상태에 대한 기억일 뿐, 현재의 자녀를 반영하지 못한다. 아이가 성장함에 따라 부모의 반응도 이에 맞춰 성장해야 한다. 고등학교 시기는 인권, 종교, 자유, 미래 가능성과 같은 추상적인 문제에 대해 깊이 사고하는 시기로, 성인과 차이가 없는 체계적인 사고가 가능해진다. 이 시기에는 지신의 이상적인 기준에 따라 자기 주장과 타인의 주장을 비교하고 분석하는 능력이 발달한다. 이러한 상황을 제대로 인식하지 못하고, 부모가 일방적으로 윽박지르거나 강요하면 심각한 갈등으로 이어질 수 있다. 또한, 아이들이 어른스럽게 보이다가도 갑자기 심술궂게 말하거나 돌발 행동을 보이는 경우, 부모들은 종종 어찌할 바를 몰라 손을 놓게 되기도 한다. 그러나 중요한 것은 아이가 성장하듯 부모도 함께 학습하며, 자녀와 소통하고 경청하는 능력을 키우기 위한 노력을 지속해야 한다는 점이다. 부모의 이러한 노력은 자녀와의 관계를 개선하고, 아이가 건강하게 성장하는 데 중요한 역할을 한다.

믿음이란 단순한 신념이 아니라, 하나님의 말씀에 기초한 인격적인 반응이다. "하나님께 다 맡겼으니 나는 모른다"는 식의 태도는 매우 위험하다. 하나님은 우리를 부모로 부르셔서 자녀를 양육하게 하셨다. 하나님은 부모를 통해 자녀를 돌보시고 키우신다. 우선, 자녀를 함부로 대하지 않는 것이 중요하다. 설득력이 부족하더라도, 자녀의 의견에 귀를 기울이는 태도가 필요하다. 경청하는 태도는 자녀를 존중하는 가장 기본적인 예의일 뿐만 아니라, 관계 형성에 있어 결정적인 요소이다. 자녀의 의견을 경청한 후, 아이의 단어와 개념으로 다시 반응해 주는 것도 매우 중요하다. 이를 통해 자녀는 자신의 표현을 거울 효과처럼 되돌아보며, 스스로를 더 잘 이해할 수 있게 된다.

청소년 시기에 자녀들은 사고 능력이 발달함과 동시에 이성에 대한 관심도 자연스레 증가한다. 단순한 관심을 넘어 이성 교제나 스킨십과 같은 행동으로 나타나기도 한다. 놀랍게도, 고등학생의 약 절반이 이성 교제를 경험했다고 답했으며, 그중 절반은 포옹과 키스를 경험했다고 응답했다. 이는 부모로서 어떻게 대응해야 할지 고민을 안겨주는 부담스러운 상황일 수 있다.

청소년은 체계적인 사고력이 점점 발달하는 과정에 있기 때문에 반드시 부모의 도움이 필요하다. 하지만 이 말이 부모가 자녀의 결정을 대신해야 한다는 뜻은 아니다. 자녀가 실수하더라도 스스로 생각하고 선택할 기회를 주는 것이 중요하다. 자녀와의 대화에서 가장 어려운 점 하나는 감정적으로 대하지 않는 것이다. 이를 위해, 자녀가 부모의 대화를 받아들일 준비가 되어 있는지, 그리고 건설적인 대화를 위한 환경을 조성했는지를 먼저 살펴야 한다.

요즘 자주 쓰이는 "빌드업"이라는 용어처럼, 소통이라는 목적을 향해 한 설음씩 순비해 나가는 과정이 무엇보다 중요하다. 꼭 기억해야 할 점은 무거운 대화를 피하고, 가볍고, 일상적이며, 장난스러운 분위기를 통해 가정이 자녀에게 "안전한 곳"이라는 인식을 심어 주는 것이다. 일반적인 기독교 가정의 대화에서 자주 발견되는 문제는 부모의 말이 거의 대법원의 판결처럼 느껴진다는 점이다. 이러한 태도는 부모의 불안에서 비롯된 경우가 많다. 자녀가 실수하면 안 된다는 강박관념이 불안을 부추기는 것이다.

그러나 어느 인생이 실수 없이 무결하게 자라는 경우가 있겠는가? 부모인 우리도 수많은 시행착오를 거치며 여기까지 온 것이다. 철저한 금지 규정만을 강조하는 것은 부모의 역할이 아니다. 오히려 부모의 신뢰가 자녀에게 책임감 있는 행동을 하게 만드는 주요한 동기가 될 수 있음을 기억해야 한다. 또한, 자녀의 의견이 곧 행동으로 직결된다고 여기는 것은 금물이다. 자녀가 여러 가지 고민과 생각 속에서 스스로 판단하고 선택하도록 돕고 기다리는 자세가 요구된다. 유아기와 유년기에는 부모의 적극적인 양육이 절대적이지만, 청소년기에 부모의 역할은 조금은 수동적이고 뒤에서 지켜보는 역할로 전환되어야 한다. 부모와 자녀 간의 적절한 거리를 유지하는 것이 관계에서 큰 영향을 미칠 수 있다. 너무 많이 개입해서도 안 되지만, 관찰을 포기하거나 게을리하는 것도 위험하다.

최근 경기 침체와 팬데믹 이후의 급격한 변화는 우리에게 지나친 개인적 기대를 요구하고 있다. 그러나 이에 앞서 먼저 고려해야 할 중요한 문제들이 있다. 부모 자신이 가정에서 겪은 경험과 그로 인해 형성된 감정은 어떠한지를 살펴보는 것이다. 대부분의 인간 감정은 이전 경험과 학습에 깊은 영향을 미친다. 부부간에 충분한 교감이 이루어지지 않는다면, 자녀와의 관계에서도 긍정적인 결과를 기대하기 어렵다. 부모 간의 대화 수준은 자녀의 성숙과 깊은 연관이 있으며, 자녀와의 관계에 있어 매우 중요한 역할을 한다.

자녀들이 청소년기를 맞이했다는 것은 자신의 청소년기를 돌아볼 수 있는 절호의 기회이기도 하다. 나의 청소년기는 어땠는지, 부모님과의 관계는 어떠했는지, 그리고 그 관계성이 오늘 나라는 존재에 어떤 영향을 미쳤는지 살필 수 있는 시간이다. 비록 아프고 고통스러울 수 있지만, 자신의 내면을 관찰하고 이를 직면하는 과정은 필수적이다. 부부는 서로 도움을 주고받음으로써 상처와 자신만의 논리에서 벗어나 새로운 시각을 가질 수 있다. 어린 시절과 청소년 시절에 누구도 관심을 가져주지 않았던 이야기를 사랑과 지지로 들어주는 것만으로도 상처와 아픔은 회복으로 나아가게 된다.

이 모든 과정은 청소년기와 청년기의 자녀들과의 관계뿐 아니라, 그들의 성장과 성숙에 지대한 기여를 한다. 가능하다면, 부모님과의 대화도 새로운 관계 형성에 도움이 될 수 있다. 성장과 성숙에 꼭 필요한 요소 중 하나는 새로운 관점이다. 나와 타인을 인식하는 관점이 풍성할수록 자신을 이해하고 상대를 이해하는 데 큰 밑천이 된다. 이러한 준비 단계는 부모로서 성숙한 듣기와 말하기, 그리고 공감과 이해를 가능하게 한다.

아울러 드라마틱한 변화보다는 사소한 변화에 긍정적으로 반응하는 연습과 훈련이 반드시 필요하다. 오늘날 청소년들은 부모 세대보다 풍부한 재정적 혜택 속에서 자라났고, 그 누구보다 많은 기대를 받았다. 그러나 그들은 문제를 해결하고 결핍을 이겨내는 내면적 힘은 기르지 못한 상태다. 욕구는 지나치게 자극받고 있는 반면, 결핍을 극복할 힘은 현저히 떨어져 있다. 이 상황에서 부모가 자녀의 결핍을 너무 쉽게 채워준다면 과잉충족으로 이어질 수 있다. 반대로, 지속적으로 결핍 상황으로 내몰리면 자녀는 감당하기 어려운 무력감을 경험할 수 있다.

이때 부모는 냉정함을 유지해야 한다. 양육자로서 부모의 의견이 통일되는 것은 필수적이다. 같은 방향과 메시지를 전달해야 혼란을 줄일 수 있다. 서로 다른 메시지가 흘러나간다면 자녀의 혼란은 더욱 심화될 것이다. 청소년기의 자녀와 부모의 관계에서는 결과나 결정보다 과정이 훨씬 중요하다. 과정은 예상보다 지루하고 느리지만, 과정을 건너뛴 결과는 존재할 수 없다. 마치 건물을 세울 때 기초를 철저히 다시고 철근 구조를 올바르게 설계해야만 견고한 결과물을 얻을 수 있는 것처럼, 관계, 감정, 존중이라는 무형의 자산을 쌓는 과정이야말로 아름다운 결과를 보장한다.

다시 강조하자면, 부모가 성장하지 않으면 자녀의 성장을 보장할 수 없다. 생각이 없으면 일을 그르치지만, 반면에 생각이 너무 많으면 인생을 그르친다는 말이 있다. "적당히"라는 말이 모호하고 어려울 수 있지만, 그 알 수 없는 영역으로 나아가는 용기와 믿음이 필요하다. 그래서 우리는 기도해야 하며, 하나님의 은혜가 절실히 필요한 것이다.

4. 청년과 부모의 관계

청년기에는 독립성과 자율성이 강조되며, 부모와의 관계에도 변화가 나타난다. 특히 대학 진학 후 부모는 '빈 둥지 증후군'을 경험할 수 있으며, 자녀와의 관계 재정립할 필요성이 커진다. 자녀가 대학교에 진학하거나 취직, 결혼과 같은 이유로 독립하게 되었을 때 부모는 상실감과 외로움을 느끼게 된다. 빈 둥지 증후군은 한국 사회만의 문제가 아니라 전 세계적인 현상이다. 가족구성체제가 변화하면서 핵가족 중심 사회가 되었고, 외동자식이 집을 떠날 경우 남겨진 부모들은 정서적으로 더욱 외로움과 상실감을 느끼게 된다. 자녀에 대한 기대와 교육열이 높은 우리나라에서는 빈 둥지 증후군이 더욱 자주 발생할 수 있어 주의가 필요하다.

우선, 자녀들의 홀로서기를 기쁜 마음으로 받아들이는 자세가 필요하다. 자녀가 청소년기를 지나면서 부모는 자녀를 떠나보내는 훈련이 필요하다. 자녀는 부모의 소유물이 아니라 하나님께서 맡기신 존재임을 기억해야 하며, 결국 자녀는 떠나보내야 한다. 재정적, 정서적, 신앙적, 사회적으로 독립할 수 있도록 준비하는 것이 중요하다. 부모의 역할은 자녀를 껴안고 있는 것이 아니라, 자녀가 자립할 수 있도록 조금씩 밀어낼 수 있는 용기가 필요한 것이다. 운동선수들이 효과적으로 활용하는 이미지 트레이닝을 시도하는 것도 좋은 방법일 수 있다. 이 시점에서 부부간의 건강하고 친밀한 관계가 더욱 중요하게 빛을 발할 것이다. 성경에서도 가정의 시작은 부부이다. 부모로부터 떠남이 독립의 기초가 된다.

자녀의 빈자리를 대신할 일이나 여가 활동을 찾는 것이 중요하다.

특히 중년 여성의 경우, 누군가의 부인, 누군가의 엄마라는 타이틀을 잠시 내려놓고 '제2의 인생'을 찾는 중요한 시기이다. 봉사활동과 같이 남에게 베푸는 일도 좋은 선택이 될 수 있다. 이를 통해 삶의 보람을 느끼고, 우울증을 극복할 수 있는 힘을 얻을 수 있다. 이 시기에는 부모가 자녀를 독립된 존재로 인식하고, 자녀의 선택과 삶을 존중하는 자세가 중요하다.

5. 부모 및 가정 사역을 위한 원리

가. 지금의 순간을 소중히 여기며, 과정에 집중하십시오

부모로서 우리는 자녀가 빨리 성장하고, 갈등이 없는 관계를 유지하길 바란다. 하지만 시간이 지나고 나면, 현재 겪고 있는 어려움조차도 소중한 추억이 되었음을 깨닫게 된다.

제가 좋아하는 예로, 커피에는 다섯 가지 맛이 있다. 단맛, 쓴맛, 짠맛, 떫은맛, 신맛이 조화를 이루어 깊은 맛을 낸다. 가정도 이와 같다. 기쁨과 슬픔, 갈등과 화합이 어우러져 우리 인생을 더욱 풍요롭게 만든다.

자녀와의 관계에서 중요한 것은 결과가 아니라 과정이다. 자녀가 시험에서 좋은 성적을 받는 것도 중요하지만, 그보다 더 중요한 것은 시험을 준비하는 과정에서 자녀가 최선을 다했는지를 인정해 주는 것이다.

아이들이 시험을 망쳤을 때, "왜 이렇게 못했어?"라고 묻는 대신, "최선을 다했으니 괜찮아. 네 노력 자체가 아빠, 엄마에겐 너무 자랑스러워"라고 말해 보라. 이런 태도가 아이들의 마음을 열게 하고, 부모와 자녀 간의 신뢰를 쌓게 한다.

나. 부모 자신이 먼저 성숙해져야 합니다

부모가 성숙하지 않으면 자녀와의 관계에서도 성숙한 결실을 맺기 어렵다. 부모로서 우리는 자녀의 있는 그대로의 모습을 인정하고, 그들이 가진 강점을 발견하며 격려해야 한다.

특히 내성적인 자녀들은 부모의 섬세한 이해와 지지를 필요로 한다. 내성적인 아이들은 "너 정말 잘했어!" 같은 큰 칭찬보다는, "이 그림의 구도가 참 괜찮네"와 같은 세심한 관찰과 격려를 통해 더 큰 성취감을 느낀다.

부모는 자녀의 개성과 성향에 맞는 방식을 찾아야 한다. 또한, 부모 자신도 자녀와 함께 성장하는 과정을 받아들여야 한다. 완벽한 부모가 될 필요는 없지만, 자녀를 향한 사랑과 이해는 끊임없이 노력해야 한다.

다. 가정은 자녀에게 안전한 피난처가 되어야 합니다

가정은 자녀가 실패하거나 좌절했을 때 돌아갈 수 있는 안전한 피난처여야 한다. 자녀가 집을 떠올릴 때, "우리 집은 내가 어떤 실수를 해도 괜찮은 곳이야"라는 생각이 들도록 만들어야 한다.

반대로, 부모가 지나치게 비판적이거나 자녀를 다른 사람과 비교한다면, 가정은 자녀에게 스트레스와 두려움의 장소가 될 것이다. 우리는 자녀의 장점을 발견하고 이를 격려하며, 그들의 자존감을 키워 주는 부모가 되어야 한다.

라. 하나님의 시간표를 신뢰하며 기다리십시오

부모가 자주 저지르는 실수 중 하나는 "빨리"라는 조급함이다. "빨리 신잉을 갖게 해야시", "빨리 좋은 사람이 되어야지"라는 생각은 자녀를 압박하고, 부모 자신도 좌절하게 만든다.

하나님은 각 사람에게 맞는 시간표를 가지고 계신다. 우리는 하나님의 계획을 신뢰하며, 자녀가 자신의 속도로 성장하도록 기다려야 한다. 아이가 넘어지고 실패할 때, 부모는 "괜찮아. 실패는 성장의 일부야. 그리고 나는 항상 네 곁에 있어"라고 말하며 그들을 지지해야 한다.

마. 가정에서 하나님의 사랑을 드러내십시오

가정은 하나님의 사랑을 드러낼 수 있는 가장 중요한 장소이다. 부모의 행동과 말 속에서 자녀는 하나님의 사랑을 느끼게 된다. 우리는 아이들에게 완벽한 부모가 될 수는 없지만, 사랑과 믿음으로 그들을 대할 때, 아이들은 부모를 통해 하나님을 발견하게 된다. 자녀가 부모를 통해 하나님의 사랑을 경험할 수 있도록, 가정을 천국의 모형으로 만들어가야 한다.

6. 중·고·대 부모 및 가정 사역의 방향:

"가정, 하나님께서 주신 가장 소중한 선물"

가정은 하나님께서 주신 가장 소중한 선물이다. 부모와 중·고·대 자녀가 서로를 사랑하고 이해하며, 가정을 따뜻한 안식처로 만들어 갈

때, 하나님의 축복이 넘치는 가정이 될 것이다. 오늘의 어려움이 결국 하나님께서 우리를 빚어가는 과정임을 기억하며, 사랑과 믿음으로 가정을 가꿔 나가길 바란다. 우리의 가정이 하나님의 나라를 보여 주는 작은 천국이 되기를 소망한다. 가정은 하나님께서 주신 가장 소중한 선물이다.

중·고·대, '학교 사역' 이렇게 하라

나도움 목사 • 스탠드 그라운드

1. 어떻게 해야 학교 사역을 할 수 있습니까?

누군가 말했다. "이제 청소년(청년) 사역을 한다면, 학교 사역은 필수이다!"

불과 15년 전만 해도 이 말은 어불성설처럼 들렸다. 말도 안 되는 이야기였다. 교회에서 바라볼 때, 학교 사역은 메이저(핵심) 사역이 아닌 마이너(변방) 사역으로 여겨졌다. 굳이 교회에서 학교 사역까지 하지 않아도, 교회에서 주최하는 행사, 모임, 친구 초청 잔치 같은 교회 중심의 이벤트를 열면 아이들이 교회로 몰려오던 시대였기 때문이다.

그러나 시간이 지나면서 점점 교회에 아이들이 오지 않는 현실을 마주하게 되었다. 작은 교회들은 이러한 변화를 더 일찍 체감했으며, 규모 있는 교회들에서도 비슷한 문제가 발생하기 시작했다. 이에 따라 교회의 시선은 점차 교회 안에서 교회 밖으로, 특히 학생들이 가장 많은 시간을 보내며 삶의 현장이라 부를 수 있는 학교로 옮겨가기 시작했다. 그렇게 학교 사역이 점차 주목받기 시작하면서 나와 같은 학교 사역자들에게 문의가 들어오기 시작했다.

"어떻게 해야 학교 사역을 할 수 있습니까?"라고 묻기 시작했다.

일반적으로 학교 사역이란 학생들을 만나기 위해 학교 현장으로 찾아가는 활동을 말한다. 이를 학생 심방 또는 학교 방문이라고 표현할 수도 있다. 다만, 현실적으로 학교 현장은 외부인, 특히 교회 사역자가 들어가기에는 문턱이 높다는 어려움이 있다. 흔히 말하듯 정문을 넘기가 쉽지 않다는 뜻이다.

학교 사역에는 다양한 방법과 형태가 존재하지만, 이 글에서는 "학교(캠퍼스) 기도모임 사역"을 중심으로 이야기를 한정하려고 한다. 이 사역은 요즘 다시 주목받고 있으며, 특히 많은 교회가 관심을 가지고 시도해보려는 움직임을 보이고 있다. 이를 좀 더 구체적으로 소개하고자 한다.

2. 학교 기도모임?: 스쿨처치

스쿨처치, 다른 말로 학교 기도모임 사역은 새로운 사역이 아니다. 이는 오래전부터 있었던 학생 자발 운동이자 기독교 동아리와 같은 형태로 이어져 온 사역이다. 예를 들어, 미국에서 시작된 See You at The Pole(국기 게양대 기도모임) 운동이 1990년대 이후 한국에서 붐을 이루었고, 그 외에도 한국 내에서 자생적으로 생겨난 학교 기도모임, 학교 예배모임, SFC(학생신앙운동), 기독학생회 등 다양한 이름과 모습으로 이어져 왔다.

몇 년 전 미국의 에즈베리 대학에서 일어난 학생 자발 기도 운동만이 특별한 것이 아니다. 이미 한국에서도 하나님께서는 청소년, 청년들에게 강력히 역사하고 계셨다. 저자 본인이 학교 사역을 시작하게 된 계기도 이와 관련이 있다. 저자의 아버지가 전주에서 목회를 시작하면서 그곳에서 학창 시절을 보내던 중, 학교 기도모임을 경험하게 된 것이다. 그 당시 미션스쿨이나 기독교 학교가 아닌 일반 공립, 사립학교에서도 학생들이 자발적으로 기도모임을 세우고 있었다. 이러한 모임은 저자에게 익숙한 문화로 자리 잡았고, 신기하면서도 놀라운 기억으로 남아 10대 시절의 좋은 추억이 되었다.

그뿐만 아니라, 당시 함께 활동했던 전주교대의 한 대학생은 싸이월드와 싸이클럽을 활용해 전국의 200개 넘는 학교를 연결하고 소통하며 연합을 이루는 것을 보여 주었다. 이를 통해, 이러한 움직임이 단순히 전주라는 지역에서만 일어나는 것이 아니라 전국적으로 하나님의 역사가 일어나고 있음을 깨닫게 되었다. 그러나 시간이 지나며 많은 모임이 사라지거나 소식을 들을 수 없게 되었다. 그러던 중, 2012년 이런 마음이 떠올랐다. "하나님, 지금도 학교 기도모임들이 살아 있습니까? 살아 있다면, 한 학교에서 단 한두 명이라도 기도모임을 이어가고 있다면 제가 찾아가겠습니다." 그 기도에 대한 응답이었는지 이후 여러 학교와 연결되었고, 기도모임이 다시 세워지기 시작했다. 그렇게 시작된 여정은 지금까지 이어지고 있다.

3. 학교 사역, 너무 이상적인 거 아닙니까?

특강 후 한 분이 이렇게 물었다. "강의 잘 들었습니다. 근데, 스쿨처치(학교 사역)라는 게 너무 이상적인 거 아닙니까? 이게 현실적으로 가능합니까?" 그때 제가 그분께 드린 말은 다음과 같았다. "충분히 이상적으로 보일 수 있습니다. 저 역시 2012년부터 지금까지 12년 넘게 이 사역을 감당하고 있지만, 처음 시작할 때 전국의 6-7천 개가 넘는 중고등학교와 대학교 모든 학교에 스쿨처치를 세울 것이라고 기대하며 시작한 것은 아닙니다. 물론 그렇게 기도할 수는 있지만, 현실적으로 그게 가능하겠습니까? 다만, 저는 어릴 적에 학생들이 자발적으로 학교 안에서 기도모임을 꾸려가는 모습을 보았고, 그것이 사라지는 것이 안타까워서 한 학교라도, 단 한 명의 학생이라도 이런 기도모임을 하고 있다면 찾아가겠다는 작은 기도를 드렸습니다. 그 기도 가운데 하나님께서 학교들과 연결되게 하셨고, 이를 통해 사역을 이어갈 수 있었습니다. 감사하게도 지금도 믿음의 도전과 행동으로 학교 안에서 기도모임을 세워가고 있는 친구들이 여전히 존재합니다. 그렇기 때문에 제가 이 사역을 지금도 감당하고 있는 것입니다."

정말 신기할 때가 많다. 과거 20년 전이나 10년 전의 이야기로 끝난 것이 아니라, 놀랍게도 지금도 기도모임에 반응하는 청소년과 청년들이 있기 때문에 여전히 이 글을 걸어가고 있다.

2012년부터 2020년 초까지 학교 사역을 섬기던 중, 코로나라는 큰 위기를 맞이하게 되었다. 예를 들어, 경기도 수원의 한 학교는 2018년에 우리가 주최했던 수련회에서 은혜를 받고 학교로 돌아가 학교 기도모임을 시작했다. 그렇게 2년 이상 이어오던 중, 2020년 코로나로 인해 연결이 끊기게 되었다. 이는 단지 한 학교만의 이야기가 아니라, 수많은 지역의 학교들이 동일하게 겪은 위기였다.

2016년 이후 부산에서 THE WAVE 학교기도불씨운동이라는 학생 기도운동이 일어났다. 2019년 당시, 부산 지역의 312개 중고등학교 중 168개 학교에서 학교 기도모임이 운영되고 있었다.[21] 2020년 코로나 이후, 2022년 통계에 따르면 학교 기도모임이 20-30개로 줄어들었다고 한다. 100개 이상의 기도모임이 사라진 현실이었다. 이러한 상황은 부산/경남 지역만의 문제가 아니라 전국의 수많은 학교가 직면한 문제였다. 특히, 2018년에 생겼던 기도모임이 2020년에 갑작스레 연락이 끊겼을 때, "사라진 것일까?", "없어진 것인가?"라는 안타까운 마음이 들었다.

2021년, 한 학생으로부터 연락이 왔다. "저는 MBTI가 I(내향형)이고, 조용하며, 앞에서 말하는 것이 부담스럽고 리더십이 없는 사람이에요. 그런데 아무도 학교 기도모임을 하려고 하지 않아서, 저라도 하지 않으면 학교 기도모임이 없어질 것 같았어요. 그래서 제가 매주 아침 8시 그 기도모임 시간을 지켰어요."

그 학생은 당시 고2였고, 학교에 매일 가지 않아도 되는 상황이었음에도 불구하고, 매주 아침 8시, 수업 전에 혼자서라도 기도모임을 지킨 것이다. 때때로 친구들이 2-3명씩 와주기는 했지만, 많은 시간은 혼자 버텼다. 얼마나 오랫동안 그 자리를 지켰을까? 1년 동안이다. 그렇게 1년이 지나고 새해가 되었을 때, 감사하게도 후배들이 모임에 들어왔고, 2021년에는 온라인으로, 줌(Zoom)을 통해 모임을 이어갔고, 2022년에는 제가 다시 학교 안에 직접 예배를 드릴 수 있었다. 그리고 2024년인

---

21 부산광역시 교육청 홈페이지 정보 참조.
https://www.pen.go.kr/main/ad/sc/view/selectStatsChartViewList.do?edcstatsCl=1&mi=30613)

지금, 이 기도모임은 7년 이상 이어지고 있는 기도모임 중 하나로 계속되고 있다.

누군가 보기에는 "이게 가능할까? 저 학생이 과연 할 수 있을까?"라는 의문이 들 수 있었겠지만, 어떤 상황과 이유에서든 그 자리를 지키고 버틴 한 사람을 통해 학교 기도모임은 지금도 이어지고 있다.

2023년에는 전주의 한 대학 캠퍼스에서 기도모임을 시작한 한 남자 청년이 있었다. 그는 간호학과 학생이었고, 내성적이며 스스로 자신감이 넘치는 친구는 아니었다. 오히려 학교에 적응하는 것이 힘들어, "저 학교를 그만두고 싶어요"라며 기도하곤 했다. 그러던 중, 수련회에서 기도하는 가운데 "하나님께서 제가 캠퍼스를 위해 기도하길 원하신다는 마음을 주셨어요. 학교에 믿지 않는 친구들도 많은데, 그 친구들에게도 복음을 전하는 모임으로 세워가고 싶었어요."라는 결심을 하게 되었다. 그렇게 작년에 캠퍼스 기도모임을 시작하게 되었고, 처음엔 도망치고 싶고 그만두고 싶다는 마음이 들기도 했지만, 그는 결국 간호학과 기도모임을 만들어 동기들과 후배들과 함께 신앙을 고백하고 나누는 공동체를 시작하게 되었다.

신기한 점은, 이 기도모임에 믿는 친구들만 오는 것이 아니라 믿지 않는 친구들도 참석한다는 것이다. 처음에는 단순한 호기심이나 친구를 따라오는 등의 이유로 참석하던 친구들이 점차 하나님을 알아가는 과정을 경험하게 되는 것이다.

얼마 전 필리핀 한인교회 청소년부 수련회를 다녀왔다. 나를 부른 목적은, 필리핀에 있는 한인 청소년과 청년들이 각자의 학교에서 학교 기도모임을 세우도록 돕고자 하는 바람에서였다. 수련회가 끝난 후, 한 대학생 청년에게서 연락을 받았다.

"사실 저는 청소년부 수련회에 찬양 인도로 섬기러 갔었는데, 목사님의 메시지를 들으면서 오히려 이건 대학교에서도 하면 되겠다는 마음이 들었어요. 원래 코로나 이전에는 필리핀에서도 한인 CCC 캠퍼스 모임이 왕성하게 이루어지고 있었고, 저도 대학에 입학하면 그 모임에 들어가 열심히 활동하고 싶었어요. 그런데 제가 입학할 때는 코로나로 인해 CCC 모임이 중단되었고, 결국 한인 CCC 모임이 필리핀에서 철수했어요. 너무 안타까웠는데, 목사님 메시지를 들으면서 '우리가 꼭 간사님이 있어야만 모임을 할 수 있는 게 아니잖아. 우리가 스스로 시작해도 되겠는데?'라는 마음이 들었어요."

필리핀에서 만난 한 대학생은 이후 자신이 다니는 캠퍼스 기도모임을 세웠고, 현재도 그 모임을 이어가고 있다. 이는 단지 한두 캠퍼스의 이야기가 아니다. 중고등학교의 스쿨처치(학교 기도모임)이나 캠퍼스 기도모임과 같은 학생 주도의 신앙 공동체를 통해 이 시대에 복음을 전하기 어려운 현실 속에서도 하나님의 말씀이 전파되고 있다.

2024년, 인천 앞바다의 한 섬, 영흥도에 위치한 유일한 중고등학교에 새로운 학교 기도모임이 세워졌다. 이 모임을 시작한 학생은 현재 고등학교 2학년이다. "어떤 계기와 이유로 시작하게 됐니?"라고 물었다.

그 학생은 이렇게 대답했다. "저희 학교는 이 섬에 있지만, 제 본 교회는 인천에 있고, 부모님과 함께 그 교회에 다니고 있어요. 학교에서 친구들과 대화를 하다 보니 친구들이 '이 동네 교회는 재미도 없고, 가고 싶지 않다'는 말을 많이 하더라고요. 그 말을 들으면서 마음이 아팠어요. 그래서 '내 친구들을 위해 학교에서 모임을 세워 예배하고 기도한다면, 조금이라도 하나님을 전할 수 있지 않을까?'라는 마음으로 시작하게 됐어요."

지난 1학기, 이 학교에서 자발적인 학교 기도모임이 시작되었다. 이 학교는 중고등학생을 합쳐 전교생이 약 200명이며, 고등학생만 따지면 약 100명 정도 된다. 이 중 10명 이상의 학생이 모임에 참여하고 있으며, 그중 3명만 크리스천이고 나머지는 불교를 포함한 다양한 종교적 배경을 가지고 있다. 왜 모임에 오냐는 질문에 학생들은 "궁금해서", "그냥 좋아서" 온다고 말했다. 현재 이 모임을 인도하고 있는 학생은 친구들이 신앙과 관련된 궁금한 질문을 하면 교회로 돌아가 전도사님이나 목사님께 물어보곤 했다. 하지만 매번 질문하기가 어려워지면서 스스로 공부할 필요성을 느꼈다고 한다. C. S. 루이스의 순전한 기독교와 존 스토트의 기독교의 기본진리 같은 10대가 읽기 어려운 책들을 읽으며, 자신의 언어로 내용을 소화해 친구들에게 설명하려고 노력하는 귀한 학생이었다.

스쿨처치를 시작하게 된 계기는 로마서 12장 1절 말씀, "너희 몸을 하나님이 기뻐하시는 거룩한 산 제물로 드리라 이는 너희가 드릴 영적 예배니라"에서 비롯되었다. 주일 하루만 드리는 예배로 끝내는 것이 아니라, 삶의 현장인 학교에서도 예배를 이어가 보자는 것이 스쿨처치를 시작하게 된 이유였다. 고등학생의 경우, 주 70시간 이상을 학교에서 보내며, 집에서는 잠만 자고 대부분 시간을 학교에서 살아간다. 학교는 학생들에게 집보다 더 편한 공간이자, 가장 많은 시간을 보내는 장소이다. 따라서 그곳에서 하나님을 예배하며 신앙을 실천하자는 취지로 스쿨처치가 시작되었다. 이렇게 작은 마음에서 시작된 발걸음이 전국 곳곳의 학교로 확산되며, 상상하지도 못했던 스쿨처치의 새로운 계절을 맞이하게 되었다.

4. 학교 기도모임(스쿨처치) 어떻게 세워가야 하나: 방법과 사례

울산의 한 교회 청소년 부서를 감당하는 목사님께 연락을 받았다.

"학생이 시작하려고 하는데, 학교에서 어떤 식으로 모임을 해야 할까요? 모임 형식이나 방법, 더 나아가 사역자로서 어떻게 중고등학교에 들어갈 수 있나요?"

어려움이 있을 수 있지만, 불가능한 일은 아니다. 물론 당장 학교 안에 들어가는 것은 쉽지 않다. 학교 입장에서 외부인이기 때문이다. 따라서 학교의 주체인 학생들에게 먼저 "스쿨처치를 한번 세워보는 건 어떨까?"라고 도전하며, 학생들이 스스로 모임을 시작하게 하는 것이 첫걸음이다. 외부인이 아닌 학생들 자신이 직접 모임을 세우도록 독려하는 것이 핵심이다. 학생들의 자발성이 이 과정에서 매우 중요하다. 더불어, 자연스럽게 학생들이 내부 조력자인 선생님을 찾도록 해야 한다. 학생들만으로는 여러 제약이 있기 때문에, 학생들의 자발성과 내부 조력자의 도움을 결합하는 것이 필요하다. 장기적으로는 그 선생님과 외부 사역자가 연계하여 학교 안에 들어갈 수 있는 길을 마련하면 된다. 중요한 것은 단기간에 빠른 결과물을 얻으려는 조급함을 버리는 것이다. 인내와 기다림 가운데 나아가자!

2012년에 학교 사역을 막 시작했을 때와 비교하면, 현재는 훨씬 많은 지역과 교회에서 학교 사역과 스쿨처치에 관심을 가지고 시도하려는 움직임이 있다. 다음은 학교에 교회를 세워가는 방법에 대해 좀 더 구체적으로 다뤄보고자 한다.

가. 학교 기도모임 설립 과정 및 단계

(1) 학교 기도모임을 시작하려면 먼저 기도로 준비하며, 같은 반, 다른 학년, 주변의 믿음 있는 친구들을 찾아야 한다. 이를 위해 학교 게시판에 직접 만든 포스터를 붙이거나, 학교 홈페이지나 SNS에 게시물을 올려 주변 친구들을 모집할 수 있다. 학교에서도 삶의 예배를 드리고자 하는 같은 마음을 가진 친구들을 말이다. 일단, 학교 기도모임을 시작하기 위해 기도하면서, 주변에 믿음 있는 친구들과, 학교에서도 하나님을 중심으로 모이고 함께할 예비된 친구들을 찾는다!

(2) 친구들을 찾은 후에는 모일 시간대를 정해야 한다. 예를 들어, '아침 조회 전', '점심시간 때', '석식 시간' 등이 될 수 있다. 또한, 정기적으로 모임을 어떻게 운영할지 결정해야 한다(1주일에 한 번, 1주일에 두 번, 매일 등). 처음에는 1주일에 한 번 정도로 시작하는 것을 권장한다. 점심이나 저녁 시간에 모이는 경우가 많은데, 학년마다 식사 시간이 다르거

나 모임 시간이 제한적일 때는 어려움이 있을 수 있다. 이러한 상황에서는 어떤 학교 친구들은 한두 번 정도 금식을 하고 모이는 방법을 선택하기도 했다.

(3) 모일 장소를 정하는 것도 중요하다. 특히 기독교 교사가 있다면 도움을 받을 수 있다. 이를 위해 교사를 찾아보는 것이 필요하다. 다음과 같은 방법을 시도해 보자.

- 식사 시간에 기도하시는 선생님을 관찰한다.
- 교무실에서 책상 위에 놓인 성경이나 큐티 책, 또는 컴퓨터나 휴대폰 배경화면을 살핀다.
- 지나가는 말로 "교회 다니세요?"라고 물어볼 수도 있다.

그렇게 찾아낸 선생님께 장소를 제공받을 수 있도록 부탁드려보자.

(4) 만약 기독교 교사가 없거나 찾지 못했다면, 우선 어디든지 모임할 장소를 정해 보자. 어떤 친구들은 다음과 같은 장소를 사용하기도 했다.

- 수돗가, 운동장, 빈 교실
- 정자 밑, 소각장 근처, 국기 게양대

모이면서 하나님께 마음껏 예배할 수 있는 더 좋은 장소를 허락해 달라고 기도해 보자! 가장 좋은 장소는 음악실이다. 흥미롭게도 음악 선생님들 중 믿는 분들이 많다. 음악실이 어렵다면 미술실, 다목적실 등 다른 장소도 기도하면서 찾으면 구할 수 있을 것이다.

(5) 마지막으로, 무엇보다 일단 시작하는 거야!

"Now Go, No Have Go!"
"기도하는 한 사람이 기도 없는 한 민족보다 강하다!"
"우리는 학교에 교회를 세워갑니다."
"우리는 학교에서도 기도합니다."

나. 학교 기도모임 사례

학교에서 기도모임을 세워나갈 때 학생들의 자발성은 매우 중요하다. 그러나 이 모임을 지속적으로 이어가고 유지하기 위해서는 선생님들의 지지와 함께함이 필요하다. 학생들의 장점은 열정이 불붙으면 활활 타오르지만, 지속성이 약하다는 한계가 있다. 이러한 한계를 뒷받침할 수 있는 선생님과 외부 사역자(교회)의 협력은 매우 중요하다. 많이들 묻는 질문 중 하나는 다음과 같다. **"그렇다면 어떤 형식으로 기도모임을 해야 하나요?"** 이에 대해 하나의 형식만을 제안하지 않는다. 사람들은 종종 하나의 형식에 매이려는 경향이 있기 때문이다. 그래서 학생들에게 이렇게 말하곤 한다. "너희가 고민하면서, 어떻게 모임을 진행하면 좋을지 스스로 생각해 보면 좋겠다." 이유는 간단하다. 모임의 구성원, 악기 사용 여부, 장소의 여건, 구성원들의 상태 등에 따라 모임에서 할 수 있는 것과 할 수 없는 것이 달라지기 때문이다. 어떤 경우에는 악기를 풍성하게 사용하며 모임을 진행할 수도 있고, 다른 경우에는 장소나 환경의 제한으로 악기를 사용할 수 없을 수도 있다. 따라서 학생들에게 이렇게 조언한다. "너희 상황에 맞는 모임의 형식과 방법을 만들어가 보자."

이제 다양한 학교들이 실제로 어떤 형식으로 기도모임을 진행하고 있는지 몇 가지 사례를 소개하겠다.

(1) 영종도의 한 학교
    시작기도: 돌아가면서
    찬양: 2-4곡 정도
    기도: 모임을 위해, 3개 정도 기도 제목
    대표기도: 마침기도
    나눔 시간: 주기도문
    구호 외치고 마침: 예수 안의 승리!!

(2) 전주의 한 중학교
    사도신경
    찬양 2-3곡
    성경 구절
    대표기도
    기도회

주기도문

(3) 해남의 한 고등학교

　시작기도

　말씀 낭독

　준비찬양

　말씀(설교) 듣기

　마침 기도(돌아가면서)

　주기도문

(4) 예산의 한 고등학교

　각자 기도

　찬양

　대표기도

　요일별 주제 모임

　월: 주일에 들은 말씀 나누기

　수: 기도회

　금: 간증/큐티

　주기도문

(5) 안성의 한 고등학교

　시작기도 (가나다순으로 매주 돌아가면서)

　말씀 묵상 나눔(쫑긋 어플)

책 묵상 나눔

간단한 나눔

마침 기도

(6) 경기도의 한 고등학교

찬양 시작

전도사님 말씀 낭독

주기도문

광고 및 이야기 나눔

금요일은 책읽기

1. 찬양 두 가지 나누기 2. 책 읽고 느낀 점 나누기

주기도문

(7) 태안의 한 고등학교

시작기도

찬양

요일별 주제 모임

월: 선생님 말씀 듣고 마무리

화: 미니 성경으로 말씀 읽고 나눔 / 감사 제목 / 삶 나누기

목: 기도회, 기도 제목, 삶 나누기

마침 기도

다. 스쿨처치 체크리스트

2012년부터 학생들의 사발성을 살리려 기도모임을 세워왔지만, 코로나로 인한 약 4년간의 공백기를 지나면서 많은 학생들과 사역자들이 '학교 기도모임을 어떻게 세워가야 할지 모르겠다'는 고민을 하게 되었다. 이를 돕기 위해 2023년 스쿨처치 액티비티 키트를 만들게 되었다.

오랜 시간 동안 스쿨처치 사역을 감당하면서, '스쿨처치 모임 시간에 어떤 활동을 해야 하는가?'라는 공통적인 고민이 있다는 것을 발견했다. 이러한 고민을 해결하고자 스탠드그라운드 학교 사역팀과 서울/경기 지역의 학교기도불씨운동 단체인 "더라이트(The LIGHT)"가 협력하여, 스쿨처치 모임 시간에 활용할 수 있는 기독교 신앙 기반의 다양한 컨텐츠를 제작했다. 이렇게 완성된 **스쿨처치 액티비티 키트**는 2023년 11월 수능날, 약 5000명의 학생들에게 배포되었다. 이를 통해 많은 스쿨처치 모임들이 기도와 신앙 안에서 더 풍성하고 체계적으로 운영될 수 있도록 도움을 제공하고 있다.

그중의 하나를 여기에서 소개해보겠다.

스쿨처치 체크리스트는 학교 기도모임을 세워가는 방법을 보다 쉽게 이해하고 적용할 수 있도록 돕기 위해 제작된 도구다. 앞서 설명한 방법들은 글로 작성되어 있어, 이를 실행하거나 적용하는 데 어려움을 느낄 수 있다. 이러한 어려움을 해결하기 위해 To-Do 리스트 형식으로 정리하여, 학생들이 직접 하나씩 작성하며 "아, 이걸 해야 하는구나! 이걸 체크해야 하는구나!" 하고 직관적으로 이해할 수 있도록 했다.

이 체크리스트를 활용하면 학교 기도모임을 보다 체계적으로 시작하고 운영할 수 있다. 이를 통해 모임을 준비하고 실행하는 과정에서 필요한 모든 단계를 한눈에 확인하며 진행할 수 있을 것이다. 이 체크리스트를 사용해 시작해 보기를 권한다.

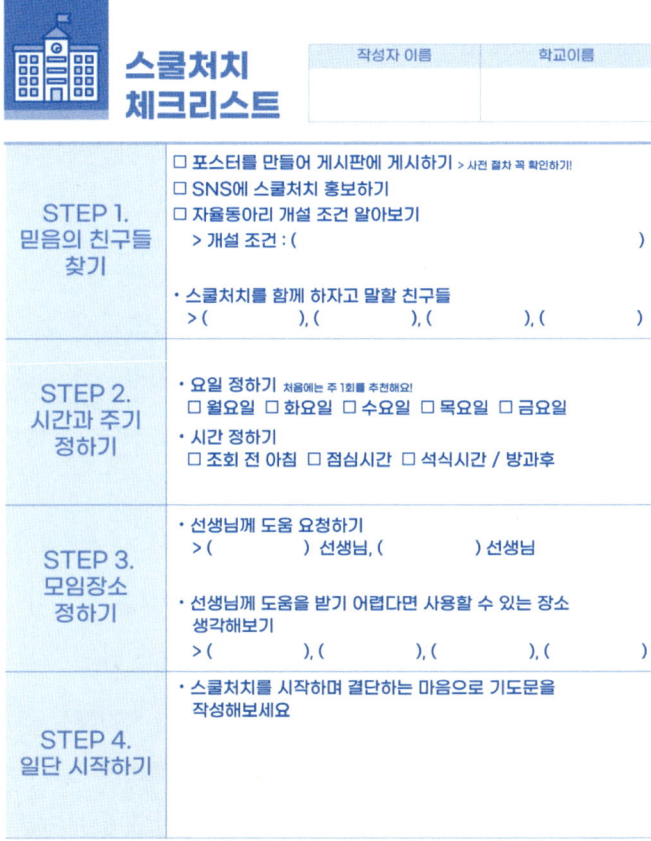

5. 중·고·대 학교 사역의 방향:
"우리는 학교에서도 크리스천입니다"

"우리는 학교에서도 크리스천입니다"라는 말은 단순히 학교에서 크리스천답게, 하나님의 자녀답게 살아가자는 기본적인 의미를 담고 있다. 그러나 그것만이 전부는 아니다. 우리는 주일에 "예배드렸으니, 기도했으니 이제 나의 의무는 다했어"라고 생각하며 살아가기 쉽다. 하지만 감사하게도 그러한 의무를 넘어 더 큰 부르심에 반응하는 친구들이 여전히 있다.

이 친구들은 학교에서 단순히 기도모임을 가지는 것을 넘어, 학교 안에서 쓰레기를 줍고, 화장실을 청소하는 등 적극적인 행동으로 변화를 꿈꾸며 실천해 왔다. 이러한 모습은 종교 모임이라는 이유로 어려움을 겪었던 친구들이 오히려 학교 내에서 인정받고, 주변의 시선이 긍정적으로 변화하는 계기가 되기도 했다.

코로나 이전, 부산에서는 160개가 넘는 학교에서 기도모임이 이어졌으나, 팬데믹 동안 약 20~30개 모임만 남는 어려움을 겪었다. 그러나 코로나 이후, 2024년 현재 부산에서만 다시 100개가 넘는 학교에서 학생들이 기도하고 있다. 뿐만 아니라 대전에서는 50개 이상의 학교에서, 서울/경기 지역에서는 160개가 넘는 학교에서 학생들이 기도모임을 이어가고 있다. 우리 단체 스탠드그라운드를 통해서도 올해에만 60개가 넘는 학교에서 기도모임이 새롭게 세워지거나 유지되고 있다.

전국적으로, 나이를 초월한 이 세대의 청소년과 청년들이 크리스천으로서 하나님의 부르심에 응답하고, 주님의 역사에 동참하고 있다. 하나님은 항상 일하고 계신다. 옥한흠 목사님께서 생전에 외쳤던 유명한 말이 떠오른다.

"교회는 세상에서 부름받은 하나님의 백성인 동시에 세상으로 보냄받은 그리스도의 제자이다."

정말 그렇다. 우리는 크리스천이며, 예수 그리스도의 제자된 교회이다. 우리가 교회에서 만나고 함께하는 청소년과 청년들은 나이로나 정서적으로는 아직 어릴 수 있다. 그러나 그들을 무조건 어린 존재로만 보아서는 안 된다. 그들은 **현존하는 미래**이며, 하나님의 자녀로서 부름받은 소중한 존재들이다.

그들을 온실 속의 화초처럼 키우는 것이 아니라, 잡초처럼 강인하고 야성이 넘치는 크리스천으로 세워가길 소망한다. 이를 통해 학교 안에 복음이 심겨지고, 미전도 종족과도 같은 10대와 20대들이 다시금 하나님께 돌아오는 역사가 이 시대에 이루어질 것을 기대한다.

중·고·대, '교회 사역' 이렇게 하라

허태영 대표간사 • 학생신앙운동

1. 성경이 말하는 교회

교회에 문제가 많을수록 해야 할 일이 많아진다. 물론, 문제가 있는 교회를 떠나 더 좋은 교회를 찾아 나설 수도 있다. 그러나 교회의 머리가 예수 그리스도시며, 그 교회를 하나님이 세우시고 성령님이 이끌어 가신다는 사실을 기억한다면 우리의 자세는 달라져야 한다. 사과가 90% 썩었다면 버리는 것이 맞을 수 있지만, 교회는 우리가 스스로 버릴 수 있는 대상이 아니다. 하나님이 심판하시기까지 우리는 교회를 위해 기도하며 개혁해 나가야 한다.

건강한 교회를 세우기 위해서는 먼저 성경이 말하는 교회를 올바르게 이해해야 한다. 또한, 현재 교회의 상황에 대해 정확히 파악하고, 이 시대 교회 현장에서 청소년과 청년들이 느끼고 바라는 모습도 알아야 한다. 이러한 과정을 통해 성경에서 말하는 교회를 청소년과 청년들에게 가르쳐야 한다. 이렇게 함으로써, 우리는 건강한 교회를 세우고, 그 은혜를 교회 공동체와 함께 나눌 수 있다. 그리고 이 은혜가 교회 내부를 넘어 세상으로 전해져 복음의 은혜를 나누는 성도로 세워질 것이다.

우리는 다음 세대에게 "하나의 거룩한 보편적인 사도적 교회"를 가르쳐 누리게 해야 한다. 이를 위해 성경이 말하는 교회를 정리하고, 다음 세대가 느끼는 교회에 대한 생각을 살펴본 후, 우리가 어떻게 교회를 가르치고 그들에게 누리게 할 수 있을지 정리하고자 한다.

웨스트민스터 신앙고백서 25장은 교회에 대해 잘 정리하고 있다. 교회에는 무형의 교회와 유형의 교회가 있으며, 그 교회는 신자들과 그들의 자녀들로 구성된다. 교회를 떠나서는 특별한 경우를 제외하고는 구원을 받을 수 없다. 세상 끝날까지 삼위 하나님께서 사역자와 말씀, 성례를 통해 성도들을 모으고 온전케 하신다. 때로는 교회가 타락하여 순수함을 잃고 사탄의 모임과 같이 될 수도 있다. 그러나 참된 교회는 세상 끝날까지 항상 존재할 것이다. 교회는 그리스도 외에 높아진 어떤 것도 용납할 수 없다. 이것을 한 문구로 정리하면, 우리가 고백하는 교회는 "하나의 거룩한 보편적인 사도적 교회"라고 할 수 있다.

2. 청소년의 특징과 교회 청소년들의 교회 이해

가. 청소년의 특징

현대 청소년들은 "불확실성"과 "선택"의 딜레마 속에서 살아가고 있다. 이로 인해 성숙을 위해 "자아의 독립성(independence)과 자율성(autonomy)의 획득"이 중요해졌다.[22] 현재의 청소년들은 '지역을 넘어 전

---

22 장신근, 『통전적 신앙과 생애주기별 기독교교육』 (서울: 장로회신학대학교 출

지구적이며 다문화적' 영향 아래 있으며, '기술의 발달과 사고의 변화'로 인해 과거의 근대적 청소년 이해와는 많이 다른 모습을 보인다. 오늘날 청소년 시기는 점차 길어지고 있으며, 평생에 걸쳐 지속적으로 학습하고 훈련을 받는 시대가 도래했다.[23] 또한 가족, 학교, 또래 그룹, 소비 공간, 가상공간 등 다양한 삶의 현장은 "근대적 의미의 고정된 정체성과는 구별되는 복수의 자아와 정체성을 형성"하게 만들고 있다.[24]

나. 청소년의 교회 이해

SFC(학생신앙운동)에서 2024년에 실시한 연구 조사에 따르면, 청소년들의 교회 이해는 충격적이라고 할 수 있다. 교회 청소년들은 "교회가 우리를 위해 무언가 하고 있는 것 같지만, 내 삶에는 전혀 영향을 주지 못한다"는 생각을 가지고 있는 것으로 나타났다.[25] "나는 교회를 떠나고

판부, 2019), 129.

[23] 장신근, 『통전적 신앙과 생애주기별 기독교교육』, 130.
[24] 장신근, 『통전적 신앙과 생애주기별 기독교교육』, 131.
[25] 이현철 외, 『SFC, 청소년을 말하다 교회편』 (서울: SFC, 2024), 97-98. 다행이 "2024년 SFC 여름 중고생 대회(수련회)"에 참석한 847명을 대상으로 한 '하나님과 교회생활'에 대한 설문 조사에서, 긍정적인 답변 비율이 상당히 높아진 것으로 나타났다. 이는 코로나 이후 교회학교 교육이 점차 자리를 잡아가는 모습과 더불어, 수련회에 참석한 학생들의 특성이 반영된 결과로 보인다(참고로, 『교회편』 조사의 대상은 교회학교 학생들을 중심으로 이루어졌다.) 조사 결과에 따르면, 교회 출석 10년 이상이 76%, 1년 미만이 6%를 차지했으며, 유아세례와 입교를 받은 학생들이 56%에 달했다. 이를 통해 믿는 가정의 학생 비율이 계속 증가하고 있다는 점을 확인할 수 있으며, 동시에 새롭게 전도되어 수련회까지 참석한 학생들도 있음을 알 수 있다.

싶고, 앞으로 떠날 것이다"라는 질문에 4점대 이상의 응답이 나왔다.[26] 이는 "그렇다"(4점)와 "매우 그렇다"(5점) 사이에 해당하는 점수로, 상당수의 청소년들이 교회를 떠나고 싶어 한다는 것을 보여 준다. "교회의 목회자, 성도, 교회학교 선생님들을 신뢰할 수 있느냐"는 질문에 대해서도 각각 1점(전혀 그렇지 않다) 수준의 응답이 나왔다.[27] 이는 청소년들이 교회 교역자들, 선생님들, 그리고 성도에 대해 신뢰를 느끼지 못하고 있다는 것을 의미한다.

청소년들의 신앙 교육에 가장 큰 영향을 미치는 요소로 학부모가 1순위로 나타났으며, 담임목사와 담당 교역자가 각각 2위와 3위로 뒤를 이었다.[28] 여러 자료를 종합하면, 부모가 교회 교육과 적극적으로 협력할 때 **신앙 교육의 영향력**이 강화된다는 것을 보여 준다. 교회학교가 성장하지 않는 이유에 대해서는 "기독교의 부정적인 인식"과 "학생의 개인적인 요인"을 주요 원인으로 꼽았다.[29] 반면, 교회학교가 성장하기 위해 필요한 조건으로는 "기독교의 사회적인 인식 변화"와 "자신의 신앙을 스스로 지켜가는 것"을 제시했다.

청소년들의 교회에 대한 생각을 다시 정리하면 현재의 교회가 교회학교 학생들에게 영향력이 없다는 것이다. 떨어진 신뢰를 회복하고 청소년들이 자기 스스로 신앙생활을 강화할 수 있도록 가정과 교회학교

---

[26] 이현철 외, 『SFC, 청소년을 말하다 교회편』, 117-119.
[27] 이현철 외, 『SFC, 청소년을 말하다 교회편』, 110.
[28] 이현철 외, 『SFC, 청소년을 말하다 교회편』, 142. 이 항목에 대해서는 '2024년 SFC 여름 중고생 대회(수련회)' 설문 조사에서도 부모가 1순위로 나타났다.
[29] 이현철 외, 『SFC, 청소년을 말하다 교회편』, 143.

가 함께 협력하는 것에 힘을 써야 한다는 것이다.[30]

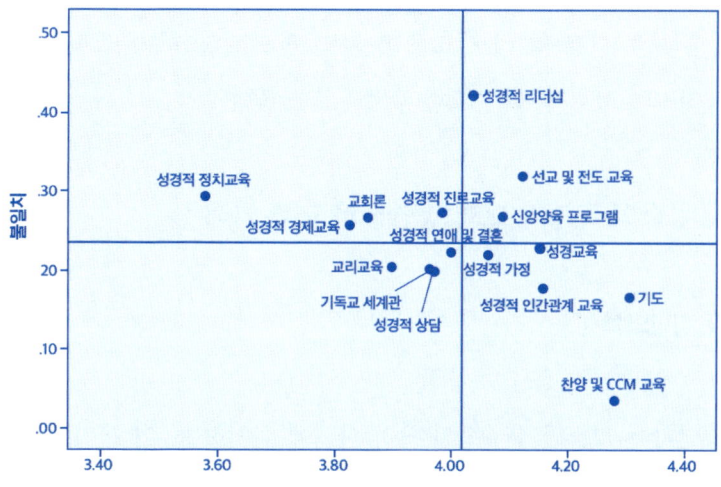

[그림] The Locus for Focus 모델을 활용한 우선순위(전체)

청소년들은 교회교육에 대해 어떤 주제를 요구할까? 그림[31]은 청소년들이 원하는 내용과 교회에서 실제로 제공하고 있는 내용을 조사하여 분석한 결과를 보여 준다. 도표에서 1사분면은 학생들이 교회에서 제공해 주기를 원하지만 실제로 시행되지 않는 항목들이다. 가장 높은 요구도를 보인 주제는 '성경적 리더십', '전도와 선교', '성경적 진로 교

---

[30] 이현철 외, 『SFC, 청소년을 말하다 교회편』(서울: SFC, 2024)은 청소년들의 교회에 대한 이해와 설문 조사 결과를 바탕으로, 그들의 요구에 따라 사역의 대안을 제시한 책이다. 이 자료를 중심으로 이해와 요구를 정리하였다.

[31] 이현철 외, 『SFC, 청소년을 말하다 교회편』, 131.

육' 순이다.[32] 중학생과 고등학생, 남학생과 여학생에 따라 약간의 차이가 나타났다. 남학생들은 '성경적 리더십'에 대한 관심이 가장 높았으며, 여학생들은 '성경적 가정'에 대해 배우고 싶어하는 경향이 있었다.[33] 중학생들은 '선교 및 전도 교육'을 가장 필요로 느꼈고, 고등학생들은 '성경적 리더십'이 가장 중요한 주제라고 답했다.

3. 청년의 특징과 교회 청년들의 교회 이해

가. 청년의 특징

청년기는 청소년기와 성인 초기 사이에 위치하며, 이 시기에는 어색함과 불확실성이 공존한다. 또한 "소비주의, 개인주의, 외모지상주의, 상대주의, 스펙주의, 냉소주의와 같은 왜곡된 가치관들 속에서 살아가며, 극심한 취업난, 사회적·경제적 양극화라는 위기 속에서 흔들리는 경우가 많다."[34] 이 시기는 심리적 과제로 "친밀성 대 고립감"이라는 도전을 극복하여 중년기를 준비해야 하는 단계다.[35] 청년들은 "개인과 공동체, 주관과 객관, 자기충족과 이웃 사랑'이라는 상대적인 가치 사이에서 하나를 선택하며 긴장을 해소하려는 경향이 있다. 이러한 과정에서 양극적인 성향이 두드러지기도 한다. 이러한 성향은 종종 교회에 대

---

[32] 이현철 외, 『SFC, 청소년을 말하다 교회편』, 131.
[33] 이현철 외, 『SFC, 청소년을 말하다 교회편』, 136.
[34] 장신근, 『통전적 신앙과 생애주기별 기독교교육』, 187.
[35] 장신근, 『통전적 신앙과 생애주기별 기독교교육』, 193.

한 비판적 시각, 회의주의, 반교회적 또는 반기독교적 태도로 나타날 수 있으며, 이는 결국 교회 이탈로 이어지기도 한다.

장신근은 청년기를 "갈등의 시기"로 정의하며, 이러한 갈등을 어떻게 해결하느냐가 교회교육의 중요한 키워드임을 강조한다. 그는 청년들이 직면한 갈등을 다음과 같이 분류했다. "자신(자아, 몸)과의 갈등, 부모와의 갈등, 관계(친구, 동료, 선후배)에서의 갈등, 학업과 일 사이의 갈등, 다른 세대와의 갈등, 신앙적 갈등"이다.[36] 장신근은 이런 갈등을 극복하기 위해 "통전적 청년 화해 교육"이 필요하다고 주장하며, 이를 통해 다음의 화해를 이루는 교육이 이루어져야 한다고 보았다. "하나님과의 화해, 자아와 자신의 몸과의 화해, 일/소명과의 화해, 가족(부모, 형제)과의 화해, 친구와 이웃과의 화해, 타자와의 화해, 자연과의 화해"이다. 이와 같은 화해를 통해 자신의 갈등을 잘 인식하고, 이를 극복할 수 있도록 교육하는 것이 중요하다고 강조한다.[37]

화해 교육을 위한 도구로는 다음과 같은 방법들을 활용할 수 있다. 예전(주일 예배, 성례 등), 영성 형성, 개인적인 성찰(글쓰기, 순례길 등), 연구(기존의 미디어 자료 이용, 강좌 참석, 토론), 상담 코칭 멘토링, 여행/현장방문 등이 있다. 또한 이야기(독립적으로 활용할 수도 있지만 다른 방법과 연계하여 사용할 때 더욱 효과적임)와 예술(미술, 음악, 춤 등), 토의/토론도 효과적인 도구로 제시된다.[38]

---

[36] 장신근, 『통전적 신앙과 생애주기별 기독교교육』, 200-204.
[37] 장신근, 『통전적 신앙과 생애주기별 기독교교육』, 217-223.
[38] 장신근, 『통전적 신앙과 생애주기별 기독교교육』, 223-231.

나. 청년들의 교회 이해[39]

기독 대학생들은 한국 교회의 미래에 대해 '부정적 전망'(51.9%)이 '긍정적 전망'(29.0%)보다 거의 두 배에 가깝게 많다고 응답했다.[40] 한국 교회의 주요 해결 과제로 꼽은 항목들의 순위는 다음과 같다. '세속화/물질주의'(49.9%), '목회자의 자질 부족/사리사욕/이기심'(38.8%), '안티기독교 및 이단 문제'(37.7%), '교파가 많고 단합이 안 됨'(27.2%), '고령화와 젊은 세대의 외면'(24.5%)이다. 젊은 층을 활성화하기 위한 방안으로 '청년층에 맞는 문화적 선교 전략 마련'(21.7%), '청년층과의 소통의 장 마련'(19.1%), '권위주의 타파'(18.8%)이다. 특히, '복지 지원'에 대한 요구는 2017년 8.6%에서 2022년 15.9%로 크게 증가했다. 이는 청년들이 실질적인 도움을 더욱 원하고 있음을 보여 준다. 또한, 교회 불출석자가 교회에 나가지 않는 주요 이유로 '학업/아르바이트 등으로 인한 시간 부족'(52.1%)이 가장 많이 꼽혔다. 이 결과는 대학생들에게 실질적인 도움을 제공하는 것이 교회 출석 여부에 중요한 영향을 줄 수 있음을 시사한다.[41]

---

[39] 학원복음화협의회 캠퍼스청년연구소, 『2022 청년트렌드 리포트』(서울: 학원복음화협의회, 2022), 자료를 선별 요약한 내용이다.

[40] 학원복음화협의회 캠퍼스청년연구소, 『2022 청년트렌드 리포트』, 30-31. 선교단체 활동자는 57.1%가 긍정적으로 보고 비활동자는 52.9%가 부정적으로 보았다. 한국 교회의 반동성애 활동에 대해서도 선교단체활동자의 찬성률이 78.6%로 전체 찬성율 50.1% 보다 많이 높았다. 선교단체활동이 한국 교회 미래 전망에 큰 영향을 준 것으로 나타난다.

[41] 신승범·이종민, "기독 청년들의 교회를 떠나고 싶은 이유에 관한 질적 연구", 『기독교교육논총』 제66집 (2021): 280-282. 청년들이 교회를 떠나는 '개인 신

청년 대학부가 생각하는 교회의 이상적인 이미지는 '공동체적'(50.8%), '예배 중심'(48.3%), '기도 중심'(34.2%) 순으로 나타났다. 또한, '합리적'(4.4%→17.5%), '사회 정의'(2.2%→15.0%)의 비율이 상승한 것을 확인할 수 있다. 반면, 대학 청년부의 현재 이미지는 '공동체적'(50.8%), '예배 중심'(45.0%), '수평적'(30.8%) 순으로 나타났다. 2017년과 비교했을 때, '기도 중심'(15.3%→24.2%)이 상승했으며, '친교적'(40.1%→20.8%) 이미지는 감소했다. 이는 코로나 19의 영향으로 친교 활동이 약화된 반면, 온라인 기도회와 같은 활동이 증가했음을 시사한다. 해외 선교에 대해 적극적인 응답(직접 참여하거나 재정 후원)은 33.9%였으며, 66.1%는 적극적인 응답이 없었다. 그러나 적극적인 선교 응답자 중 선교단체 활동자는 78.6%로, 이들이 선교에 더 높은 참여 의향을 보였다(『청년트렌드 리포트』, 27-28).

개신교 대학생 중 예수 그리스도를 '영접했다'는 응답은 33.3%로 2012년(63.8%)과 2017년(52.9%)에 비해 현저히 감소했다. 영접 시기는 점점 앞당겨지고 있으며, '교회에서'(72.2%)라는 응답이 가장 많았다. '특별집회'를 통해 영접한 비율은 감소한 반면, '정규 예배/기도회'를 통해 영접한 비율은 증가했다(『청년트렌드 리포트』, 24). '가나안 대학생'(교회에 출석하지 않는 기독교인)은 2017년 28.3%에서 41.7%로 증가했다(『청년트렌드 리포트』, 28). 교회 출석자의 최초 출석 시기는 '태어나서

앞 영역'에서 '영적 충전과 소진의 불균형', '재미를 잃은 신앙'을 이야기 했지만 가장 많은 부분이 '믿음과 신앙의 부재'였다. 교회를 떠나는 이유 중 긍정적인 이유로 교회 자체가 싫어서 떠는 것이 아니라 "신앙생활을 더 잘 할 수 있는 교회를 찾아" 가는 것도 있음을 기억해야 한다.(276)

부터'(68.7%)가 가장 많았고, '초등학교 이전'(14.4%)을 포함하면 83.1%가 초등학교 이전부터 교회를 출석한 것으로 나타났다(『청년트렌드 리포트』, 24-25).

출석교회에 대한 만족도는 대학청년부에 참석하는 학생들(92.5%)이 참석하지 않는 학생들(71.6%)보다 20.9% 더 높았다. 이는 대학청년부 활동이 교회 만족도에 긍정적으로 영향을 미치고 있음을 보여 준다(『청년트렌드 리포트』, 25).

4. 현장 사역을 위한 전제

가. '긴급처방'의 중요성

곧 터질 것 같은 풍선에 바람을 빼주는 작은 처방도 의미 있다. "내가 죽지 않고 사는 법"[42]을 이야기한 드라마 "나의 해방일지"의 염미정의 말처럼, 단 하루에 5분이라도 숨 쉴 수 있는 시간을 가질 때 삶의 힘이 생긴다. 주일 교회학교에서 선생님들과 사역자들이 다음 세대와 함께 있어 주며, 따뜻한 미소와 칭찬 한마디를 건네는 것만으로도 그들에게 살아갈 힘을 줄 수 있음을 기억하자.

---

[42] "나의 해방일지", Jtbc드라마 16부작, 2022년 방영. 15회에 염미정이 구씨에게 한 말이다. "하루에 5분. 5분만 숨통트여도 살만하잖아. 편의점에 갔을 때, 내가 문을 열어줬을 때, "고맙습니다." 하는 학생 때문에 7초 설레고, 아침에 눈 떴을 때, '아, 오늘 토요일이지?' 10초 설레고, 그렇게 하루 5분만 채워요. 그게 내가 죽지 않고 사는 법."

나. '모든 각 사람'을 가르치자

바울은 골로새서에서 말씀을 가르치는 자들이 가져야 할 자세를 다음과 같이 이야기한다. 그는 "내 속에서 능력으로 역사하시는 이의 역사를 따라 힘을 다하여 수고한다"(골 1:29)고 말한다. 또한 "예수님을 전파하고, 모든 지혜로 가르쳐, 그리스도 안에서 완전한 자"로 세운다고 강조한다(골 1:28). 여기서 '각 사람'이라는 표현은 헬라어로 판타 안스로폰(πάντα ἄνθρωπον)으로, 우리말로 직역하면 '모든 각 사람'이다. 이는 가르칠 때 '한 사람, 한 사람'을 중요하게 여기면서도, 동시에 '전체 학생'을 생각하는 관점을 가져야 한다는 것을 유추할 수 있다.

또한, 예수님을 전파하여 그리스도 안에서 완전한 자로 세우기 위해서는 "모든 지혜"로 가르쳐야 한다는 바울이 가르침을 주목해야 한다. 여기서 "모든 지혜"는 하나님의 말씀뿐 아니라, 세상에서 얻을 수 있는 다양한 지식과 방법들을 포함한다. 하나님의 백성을 세우기 위해, 하나님의 사람이 세상의 지식과 방법들을 적절히 활용하는 것이 필요하다. 따라서 우리는 현대 사회에서 사용되는 교육, 철학, 통계, 사회, 경제, 상담, 미디어 등 각 분야의 유익을 성경적 원리에 따라 정리하여 적극적으로 활용해야 한다.

다. 청소년과 청년의 필요를 기억하자

(1) 청소년: "통합적 정체성"을 형성하도록 하자

청소년은 형이상학적인 사고가 시작되며 혼란을 겪는 시기이다. 이 시기에는 자신과 세상을 바르게 이해하고, 삶의 목적을 정리할 수 있도록 "성경적 세계관"을 가르치고 훈련하는 것이 중요하다. 이를 통해 청소년들이 자신의 정체성을 통합적으로 형성하고, 하나님 안에서 올바른 삶의 방향을 설정하도록 도와야 한다.

(2) 청년: "화해"를 이루도록 돕자

청년들은 종종 세상의 괴로움 속에서 자신을 세상과 분리시키고, 새로운 도전에 대한 의욕을 잃는 경우가 많다. 이러한 청년들에게 성경을 가르쳐 '하나님과 화해'하도록 도와야 한다. 나아가 '자신', '공동체(가정, 교회)', 그리고 '세상'과 화해하고, 화해자로서 살아갈 수 있도록 훈련해야 한다. 이러한 과정을 통해 청년들이 새로운 도전과 삶의 의미를 발견하며, 세상 속에서 하나님의 사명을 감당하도록 준비시켜야 한다.

라. 신앙 상태를 객관적으로 평가하고 그에 맞게 가르치자

신앙 상태 유형
A형: 구원의 확신이 없는 단계
B형: 구원의 확신은 있으나, 그리스도인으로서 어떻게 살아야 할지 모름. 섬김이 없음
C형: 구원의 확신 속에서 하나님과 이웃을 섬기며, 소명(calling)을 실천함

개인을 면담하거나 설문지를 통해 각 유형을 파악한 뒤, 그에 맞게 개인과 소그룹의 양육 목표를 설정하고 실행해야 한다. 이를 위해 몇

가지 정리가 필요하다.

단계적 접근이 아닌 요소적 접근의 필요성

위의 과정을 신앙 성장의 단계로 이해할 수도 있지만, 요소적으로 접근하는 것이 더 적합하다. 예를 들어, C형에 속한다고 응답한 학생이라도 복음(A형)과 관련된 내용을 충분히 이해하지 못하거나, 그것을 깊이 체험하지 못한 경우가 있을 수 있다. 따라서 신앙의 각 요소를 종합적으로 가르치는 것이 중요하다.

소그룹 양육의 실천

소그룹에는 다양한 신앙 상태(A형, B형, C형)의 구성원이 함께할 수 있다. 이 경우, 각 과정과 질문을 골고루 다루면서 인도자는 학생들이 어떤 생각을 하고 있는지, 어떤 변화를 경험하고 있는지를 면밀히 관찰하며 지도해야 한다. 이러한 다양성이 소그룹의 큰 장점이다.

구원의 확신을 위한 복음 교육

특히 복음을 명확히 가르쳐 학생들이 구원의 확신을 갖도록 하는 것이 중요하다.[43] 이를 위해 필요하다면 교재를 바꾸거나, 선생님이나 조장을 변경하여 학생들이 예수 그리스도를 분명히 영접할 수 있도록 돕는 것이 필요하다.

---

43 학원복음화협의회 캠퍼스청년연구소, 『2022 청년트렌드 리포트』, 24. 청년들이 예수님을 '영접했다'는 응답의 수치가 감소하고 있다. 이 추세는 대학생들뿐 아니라 청소년들도 동일할 것이다.

마. "비전"과 "사명"과 "소명"을 가르치자

"비전과 사명, 소명은 세상과 거룩한 관계를 맺는다는 같은 의미를 가지고 있다. 다만 이 셋에는 미묘한 차이가 있다. 비전은 전체적인 회복의 그림을 보고, 사명은 그 그림을 위해 자신이 감당해야 할 역할을 찾고, 소명은 그 그림과 역할이 하나님에게서 왔음을 나타내는 것이다."[44]

신동열의 비전, 사명, 소명을 기반으로 한 교육은 교육의 목표를 잘 이해하고 양육할 수 있도록 돕는 데 유용하다.

1. 비전: 하나님의 창조로 이루어진 아름다운 세상과 인간의 죄로 인해 망가진 세상을 바라보는 관점(세계관).
2. 사명: 망가진 세상을 하나님이 창조한 본래의 아름다운 세상으로 회복시키는 일에 동참하기로 다짐하는 것(헌신).
3. 소명: 하나님이 주신 은사를 따라 내가 어디에서, 어떤 사람을 섬길지에 대한 구체적인 계획과 방향성.

이 분류는 교육자가 무엇을 가르쳐야 하는지 스스로 점검할 수 있는 유익한 틀이 된다. 모든 그리스도인은 **비전**과 **사명**에 동일하게 반응해야 한다. 이후, 하나님이 주신 은사를 따라 섬겨야 할 대상, 지역, 또는 장소를 구체적으로 정리하고, 이를 통해 **소명**에 따라 살아갈 수 있도록

---

[44] 신동열, 『소명에 답하다』 (서울: 예수전도단, 2013). 63.

준비시켜야 한다.

바. 구체적인 사역을 위한 체크리스트 활용

공동체를 맡았을 때 개인과 공동체의 상황을 점검하기 위해 사용하는 체크리스트를 소개한다. 이 체크리스트는 "은혜의 방편"[45]과 사역의 대상인 '나, 공동체, 세상'으로 구성되어 있다. 특히 청소년과 청년들이 교회를 이해할 때 "공공성"에 큰 비중을 두고 있음을 유념해야 한다.

[공동체 분석하기]

	말씀	기도	교제(연합)	계
누리자				
나누자				
전하자				
합계(시간)				

---

[45] 은혜의 방편은 말씀과 성례(세례와 성찬) 그리고 기도이다(웨스트민스터 소교리문답 88문, 대교리문답 154문). 항목을 여기서 유추하였고, 이 분류는 자신이 생각하는 양육의 원리를 따라 조절이 가능할 것이다.

한 사람의 양육과 공동체 전체를 건강하게 세워가는 근본적인 원리는 동일하다. "모든 각 사람"에 대한 시각을 갖고 공동체와 그 속에 각 사람을 생각하며 사역하는 것이 중요하다. 한 사람을 통전적인 시각을 가진 '그리스도 안에서 온전한 자'로 세우기 위한 것을 생각해 보겠다.

(1) 누리자(개인)

각 그리스도인의 첫 번째 사역 대상은 자기 자신이다. 자신을 돌아보고 구원의 확신 속에서 누리는 삶을 살도록 해야 한다. 이를 위해 말씀을 읽고, 공부하며, QT를 통해 자신을 신실한 그리스도인으로 세워 나간다. 또한 기도를 통해 하나님과 깊은 교제를 유지하고, 당면한 문제와 사역, 그리고 자신의 성장을 위해 기도한다. 자신을 사역의 첫 번째 대상으로 인식하는 것은 매우 중요하다. 이를 위해 성찰의 시간을 가지며, 자아 성장에 도움을 주는 다양한 프로그램에 참여하는 것도 유익하다. 자신을 돌아보는 일은 모든 사역의 기본이 되며, 이를 통해 자신이 하나님 안에서 온전히 세워져야 다른 사람을 섬길 수 있다.

(2) 나누자(공동체)

나 자신이 누리는 복음과 은혜를 공동체 안에서 나눈다. 구원받은 자는 공동체적으로 자신의 구원을 누리며, 공동체 안에서 구원을 증거하고 가르치는 역할을 감당한다. 말씀을 함께 공부하여 자신의 부족함을 채우고, 알고 깨달은 것을 확인하고 수정하며 올바른 성경 해석을 배우는 데 힘쓴다. 이러한 공동체는 성경을 바르게 해석하고 적용하는 "성경해석학적 공동체"의 모습을 지향한다. 공동체가 한마음으로 하나님 나라를 섬길 때, 외롭지 않은 성도가 될 수 있다. 기도를 통해 서로를 더 깊이 알아가며 사랑하고 섬긴다. 개인적인 기도를 나눌 뿐 아니라, 하나님 나라를 위한 공동체의 사명을 위해 함께 기도하는 시간을 갖는다. 교제를 통해 말씀과 기도가 개인과 공동체 안에서 더 깊이 역사하도록 한다. 공동체 활동을 통해 함께하는 풍성한 은혜를 누리고 나누며 하나님의 사랑을 경험한다.

(3) 전하자(그들)

나와 공동체가 누리는 하나님의 은혜를 다른 하나님의 백성들(다른 교회와 기관, 개인)에게 전달한다. 말씀을 통해 교회의 통일성과 사도성을 배우며, 우리가 가진 복음이 주변 사람들과 언어와 환경이 다른 이들까지 전해져야 함을 깨닫는다. 이러한 깨달음은 기도로 이어지고, 나아가 실천으로 결실을 맺는다. 기도는 연합과 복음 전도로 이어져 더 많은 사람이 하나님의 교회 안으로 들어오게 한다. 복음을 전하는 것과 더불어 사랑으로 섬기며, 이를 통해 하나님의 일에 헌신한다.

'누리자', '나누자', '전하자'는 각각의 원리를 통해 "청소년의 통전적 세계관"과 "청년의 화해 교육"이 이뤄질 수 있도록 한다. 이를 통해 개인과 공동체가 함께 성장하며, 하나님의 사명을 온전히 이루어가는 삶을 살아가게 된다.

5. 사역의 실제

가. 가정과 함께하라(부모와 영적 무모)

중고등학생들은 신앙생활에 있어 부모로부터 가장 많은 영향을 받는다. 따라서 청소년 교육은 반드시 가정과 함께 진행되어야 한다.[46] 이를 위해 SNS를 활용하여 1년 교육 계획과 행사 일정을 공유하고, 부모들에게 기도를 요청하며 소통의 장을 마련해야 한다. 또한, 부모와 함께하는 교육 프로그램을 만들어 보라. 예를 들어, 부모와 함께하는 캠핑, 예배, 기차여행 등을 교회의 상황에 맞게 기획하고 실천할 수 있다.

청년들에게는 교회의 영적 부모인 성도들과 함께할 수 있는 접점을 만들어 주는 것이 중요하다. 서울의 한 교회에서는 매년 청년 주일을 정하여 청년들이 공예배의 사회, 찬양, 대표기도 등을 맡아 진행하도록 하고 있다. 청년들은 자신의 기도 제목을 예쁘게 코팅하여 성경책에 끼워 넣고 이를 성도들에게 한 장씩 나누어 주어 함께 기도하도록 한다. 또한, 자신들의 고민을 전시하고 교회에 대한 바람과 감사의 마음을 온 교회가 함께 나눌 수 있도록 기획해야 한다.

---

[46] 이현철 외, 『위드코로나시대 다음 세대 신앙리포트2』(서울: SFC, 2023), 203. "청소년들을 위한 신앙 교육은 반드시 가정과 연계되어 수행되어야 한다."고 강조한다. 이 책은 교사들과 청년리더들이 어떻게 청소년과 청년들을 도와야 하는지 잘 다루고 있다.

나. 복음을 가르치라[47]

교사와 리더는 언제든지 복음을 효과적으로 전할 수 있도록 복음 전도 훈련과 함께 다양한 도구들을 활용할 준비를 갖춰야 한다. 현대 전도는 상담 기법을 많이 사용하므로, 상담 기법과 대화법(특히 질문법)을 익히는 것이 큰 도움이 될 수 있다. 또한, 성경 공부 시간이나 전도 상황에서 자신의 간증을 효과적으로 사용할 수 있도록 미리 준비해 두는 것이 중요하다.

전도학교를 운영하여 복음을 깊이 이해하고 전할 수 있도록 체계적으로 교육하는 것이 필요하다. 더불어 공동체 내에서 복음을 전문적으로 전할 수 있는 사람들을 양성하는 것도 유익하다.[48] 전도하는 공동체는 단순히 복음을 전파하는 데 그치지 않고, 새로운 사람들이 교회를 찾을 때 그들의 영혼의 귀중함을 기억하며 정착을 도울 가능성이 높아진다.

---

[47] 신승범·이종민, "기독 청년들의 교회를 떠나고 싶은 이유에 관한 질적 연구", 『기독교교육논총』 제66집 (2021): 279. 청년들이 교회를 떠나는 이유 중 '신앙영역'에서 "믿음과 신앙의 부재" 즉 하나님을 믿지 못하거나 믿어야 할 이유가 없어서 떠난다는 것이다. 그래서 복음을 명확히 가르치는 것이 중요하다.

[48] '구원의 확신' 과정은 너무 중요하다. 담임 선생님이 개인적으로 만나 '복음제시'를 하거나 청년리더가 '복음기초' 과정을 직접 담당하는 것이 좋다. 이 과정에서 구원을 확신하지 못할 때 전문적인 복음을 가르치는 사람이 필요하다. '구원의 확신' 과정을 통과할 수 있도록 리더를 바꾸거나 교재를 바꿔서 진행하거나 다른 방법(미디어 활용, 책 읽기, 수련회 복음학교 과정 참석)을 활용해 복음을 전해야 한다.

다. 삶의 문제를 다루라

성경 말씀이 삶의 문제를 해결할 수 있음을 가르쳐야 한다. 청소년늘이 요구하는 "리더십, 진로 지도, 이성 교제, 대화법" 등을 교육에 포함해야 한다.[49] 중고등학생의 경우, 자신을 분석하는 검사와 학습 유형 관련 검사지를 매년 한 차례 정도 활용하는 것이 유익하다. 검사 결과지에는 학생의 유형과 자세한 설명이 기재되어 있으므로, 부모나 교사가 함께 해석해 준다면 학생에 대한 깊은 이해를 도울 수 있다. 청년들도 마찬가지로 정서적 문제와 진로 문제로 어려움을 겪는다. 이들을 돕기 위해 교사(리더)나 사역자는 진로 지도 전문 훈련과 상담 훈련을 받는 것이 필요하다. 부서 내에 이러한 문제에 대해 전문적인 도움을 줄 수 있는 사람을 두거나, SFC와 같은 좋은 연합 수련회에 보내 다양한 요구를 충족시켜 주는 것도 좋은 방법이다.

라. 국내외 비전트립을 실시하라

부모가 교회교육에 가장 큰 영향을 준다는 점은 긍정적인 면뿐만 아니라 부정적인 면도 포함될 수 있다. 따라서 다음 세대가 부모로부터 독립하여 새로운 환경에서 자신을 발견하고 하나님을 깊이 만날 수 있는 기회를 제공해야 한다. 단순한 여행도 좋지만, 비전트립은 더욱 효과적이다. 교회의 형편에 따라 국내외, 기간, 형식을 고려해 **비전트립**을 계획할 수 있다. 비전트립을 준비하는 과정에서 전도 훈련을 통해 복음을 가르치고 전할 수 있도록 교육할 수 있다. 다양한 문화, 환경,

---

[49] 이현철 외, 『SFC, 청소년을 말하다 교회편』, 131.

사람을 만나며 고정관념을 깨고 다문화 감각을 높일 기회를 제공할 수 있다. 이 과정에서 학생들이 자신의 장점과 단점을 발견할 수 있는 기회를 얻게 된다. 비전트립은 잘 준비한다면 1년의 주일 교육보다 더 큰 효과를 가져올 수도 있다. 부모와 떨어져 성장할 기회로 삼는 프로그램으로 활용할 수도 있고, 부모와 함께 참여하는 프로그램으로도 준비할 수 있으니 적극적으로 고려해 볼 만하다.[50]

청소년과 청년들에게 세상을 향한 하나님의 마음과 우리의 섬김에 대해 구체적으로 가르치고 실천할 수 있는 기회를 제공해야 한다. 가난한 나라에서의 봉사활동, 외진 한국 농어촌 지역으로의 봉사활동, 어려운 국내외 교회를 방문하여 필요한 사역(성경학교, 교회 수리, 전도 활동, 의료 봉사 등)을 돕는 것은 세상을 섬기는 교회와 하나 된 교회를 배우는 데 매우 효과적이다. 이러한 경험은 청소년과 청년들에게 하나님 나라의 비전을 실제적으로 체험할 수 있는 기회를 제공한다.

마. 교사/리더 훈련을 강화하라

느헤미야 시대의 개혁 중심에는 말씀의 선포(에스라)와 소그룹 인도자들(레위 지파)이 있었다(느 8:4-8). 느헤미야는 성벽을 쌓은 후 에스라를 세워 말씀을 증거하게 했고, 백성이 그 말씀을 잘 이해할 수 있도록

---

[50] 청년들의 경우 자신의 전공이나 직업분야를 따라 신앙의 선배들과 여행을 떠나는 것도 좋다. 대구학원복음화협의회에서 "인간도서관"을 통해 교회를 넘어 "멘토와 여행"을 진행한다. 중고생을 대상으로 하는 프로그램도 있다. '다음 세대 비전 멘토 커뮤니티' http://www.kosinnews.com)를 노회(경기동부중부[예장 고신])와 SFC(학생신앙운동)가 함께 진행하고 있다.

레위인들이 그들을 가르쳤다. 이처럼 교역자의 역할도 중요하지만, 소그룹을 인도하는 교사와 리더의 역할이 매우 중요하다. 교사와 리더는 견고한 소녕의식뿐 아니라 다양한 "모든 지혜"(골 1:28)를 배우며 맡겨진 영혼들을 섬길 준비를 해야 한다. 이를 위해 교리 교육과 성경 개관을 통해 성경 전체를 이해할 수 있도록 돕는 것이 필요하다.[51] 교역자는 체크리스트를 만들어 교사와 리더들이 필요한 교육을 받을 수 있도록 강좌와 훈련을 제공해야 한다.

6. 중·고·대 교회 사역의 방향:

"다음 세대를 향한 통전적 사역을 실천하라"

"교회는 충만함" 그 자체이다(엡 1:23). 그러나 다음 세대의 응답 결과를 보면, 많은 이들이 교회의 충만함에 동의하지 않는 현실을 알 수 있다. 그렇다면 어떻게 해야 할까? 우리가 먼저 교회의 충만함을 온전히 누리고, 그 은혜를 다음 세대에 전해야 한다. 하나님께서 우리와 함께 하신다. 우리가 최선을 다할 때 하나님의 교회는 반드시 회복될 것이다(골 1:29). 복음을 강조하고, 부모(영적 부모를 포함)와 함께하는 프로그램

---

[51] 교리는 전체성경의 핵심을 이해할 수 있도록 구성되었다. 특히 교리문답서 공부를 통해 피양육자들의 질문을 답하는 연습을 해야하고, 주제별로 설명할 수 있도록 해야한다. '부흥과 개혁사'의 만화시리즈를 적극 추천한다. 백금산 목사는 한국 교회가 가진 신앙의 전통을 회복하는 것을 제안하기로 한다. 학생들에게도 '금식', '성경암송', '철야기도', '통성기도' 등도 현재 복고열풍이 강한 한국에서 교회교육에서도 적용해 보면 좋겠다.

을 마련하며, 다음 세대의 필요를 채워 주는 교육을 제공하는 것이 중요하다. 또한, 떠남과 새로운 도전을 통해 교사(리더)들이 복음을 먼저 누리고 이를 전할 수 있도록 배려하고 가르쳐야 한다. 교회는 세상을 향해 자신의 힘을 자랑하는 것이 아니라, 그리스도를 자랑하고 복음과 사랑으로 섬겨야 한다. 이를 위해 청소년들에게는 성경을 가르쳐 "통전적 세계관"을 형성하도록 돕고, 청년들에게는 "통전적 청년 화해 교육"을 통해 세상에서 '화해자'로 살아갈 수 있도록 훈련해야 한다. 이러한 사역을 통해, 다음 세대가 자랑스러워하는 교회를 물려주는 것이 우리의 사명이자 비전이 되어야 한다.

중·고·대, 이해하기

제2부

1. 청소년 파트

가. 중고생 이해하기[1]

해당 조사에서는 전국을 5개 권역으로 구분하여 수도권(서울, 경기, 인천), 충청권(충청, 세종), 호남제주권(전라, 제주), 대경강원권(대구, 경북, 강원), 동남권(부산, 울산, 경남)에 거주하고 있는 청소년들 635명(남: 299 여: 336)을 대상으로 그들의 교회에 대한 인식을 중심으로 설문 조사를 수행하였다. 조사 시기는 2023년 8월 초~11월 말까지 SFC 수련회와 사역 일정에 맞춰 실시하였으며, 설문 조사 방법은 네이버 폼을 이용한 웹설문지 형식으로 실시하였다.

연구 참여자의 개인적 배경은 다음 〈표 1〉과 같다. 개인적 배경을 구체적으로 살펴보면, 남학생 299명, 여학생 336명이 참여하였으며, 학교급별로는 중학교 341명, 고등학교 267명, 기타 홈스쿨링과 대안학교

---

[1] 해당 조사 결과는 이현철 외(2024)의 『SFC 청소년을 말하다』(SFC)의 내용 중 분석 결과의 내용임을 밝혀둔다.

27명이 참여하였다. 신력의 경우 원입 46명, 학습 107명, 세례 91명, 유아세례·입교 391명이었다. 조사참여 학생들의 61.6%가 유아세례·입교로 가장 높게 나타나고 있었나. 시역별로 소사참여 학생늘을 살펴보면 동남권(부산, 울산, 경남)이 299명, 47.1%로 가장 높았으며, 다음으로 수도권(서울, 경기, 인천) 191명, 30.0%, 대경강원권(대구, 경북, 강원) 90명, 14.2%의 순으로 나타났다.

<표 1> 연구참여자의 특성(N=635)

구분		명	%
성별	남	299	47.1
	여	336	52.9
학교급	중학교	341	53.7
	고등학교	267	42.0
	기타(홈스쿨링/대안학교)	27	4.3
신력	원입	46	7.2
	학습	107	16.9
	세례	91	14.3
	유아세례·입교	391	61.6
거주지역	수도권(서울, 경기, 인천)	191	30.0
	충청권(충청, 세종)	33	5.2
	호남제주권(전라, 제주)	22	3.5

대경강원권(대구, 경북, 강원)	90	14.2
동남권(부산, 울산, 경남)	299	47.1

나. 설문 내용

본 연구의 설문 내용은 청소년과 교회의 인식에 집중하면서 개인적 배경 문항(9문항), 삶에 대한 교회의 영향 문항(7문항), 청소년의 교회교육 상황 문항(12문항), 청소년의 교회 만족도 문항(12문항), 청소년의 교회 내 관계 문항(8문항), 청소년의 교회 내 교육 활동 문항(12문항), 청소년의 교회 관련 고민 문항(20문항), 청소년의 교회 신앙생활 문항(14문항), 청소년의 교회 요구도 및 기타 사항으로 구성되었다. 해당 문항들의 경우 개인 배경과 기타 문항과 같은 질적 문항을 제외한 모든 문항에 있어 양호한 Cronbach α계수를 보여 주고 있으며, 그 범위는 .839~.968로 이루어졌다. 본 연구의 설문 내용은 다음 <표 2>와 같다.

<표 2> 설문 내용

구분	문항 내용	신뢰도 Cronbach
청소년의 개인 배경	성별, 학교급, 연령대, 신력, 소속 지역, 교회 출석 기간, 교회 규모 등	-
삶에 대한 교회의 영향	교회의 학교생활 영향, 부모관계 영향, 교우관계 영향, 진로결정 영향, 신앙생활 영양, 성경공부 영향, 교리이해 영향 등	.839

교회교육 상황	성경공부 진행, 학습 활동, 신앙질문, 성경공부 교재 설명, 성경공부 수업 난이도 등	.928
교회 만족도	교회 만족도, 신앙생활 도움 정도, 교회에 대한 소개 등	.891
교회 내 관계	교회 내 신뢰도, 소속감, 교제, 개별 및 공동체적 관심 등	.884
교회 내 교육 활동	교회에서 이단 교육, 성경 교육, 기독교세계관 교육, 교리 교육, 동성애 교육, 연애 교육, 결혼 교육, 경제 교육 등	.887
교회 관련 고민	향후 교회 이동 의향, 교회 문화에 대한 인식, 목회자에 대한 인식, 교회 시설에 대한 인식, 교회 부서에 대한 인식 등	.968
교회 신앙생활	예배 참석, 기도 시간, 성경 읽기, 경건 서적, 전도 활동 등	.872
교회 요구도 및 기타	교회교육 요구도, 교회 성장 요인, 교회 출석 동기 등	-

다. 분석 방법[2]

본 연구에서는 SPSS 23.0 프로그램을 활용하여 청소년들의 인식을 분석하였다. 구체적인 분석 방법은 다음과 같다.

첫째, 연구대상의 개인적 배경과 인식의 분포를 파악하기 위해 빈도

---

[2] 본 절의 내용은 이현철(2021)의 "그들은 무엇을 요구하고 있는가: 한국 교회 내 코로나 블루 청소년의 요구 분석"(고신신학 23호, 205-222)의 일부임을 밝혀둔다.

분석, 기술통계, 일원분산 분석을 실시하였으며, 사후분석 Scheffe 검정을 활용하였다.

둘째, 요구도 우선순위를 파악하기 위하여 Borich(1980) 요구도와 locus for focus 모델 유형 결정(Mink, Shultz, & Mink, 1991) 분석을 실시하였다.

먼저 Borich의 요구도 값은 현재 수준과 바람직한 수준 간의 차이에 바람직한 수준에 대한 가중치를 부여함으로써 두 수준 간 차이에 대하여 우선순위 결정의 방향성을 제공한다. 이를 수식으로 나타내면 다음과 같다.

$$\frac{\sum_{n=1}^{N}(RL_n - PL_n) \times \overline{RL}}{N}$$

RL (Required Level) : 미래 중요도 수준

PL (Perceived Level): 현재 선호도 수준

$\overline{RL}$: 미래중요도 수준의 평균

N : 전체 사례 수

Borich 요구도 공식은 바람직한 수준에 가중치를 둔 방식으로 요구도 값에 따라서 우선순위를 결정할 수 있다. 그러나 어느 순위까지를 최우선적으로 고려할 것인지에 대한 판단 기준은 없다는 단점이 있다. 다음으로 이러한 단점을 보완하기 위해 The Locus for Focus Model을 사용하

였다.[3]

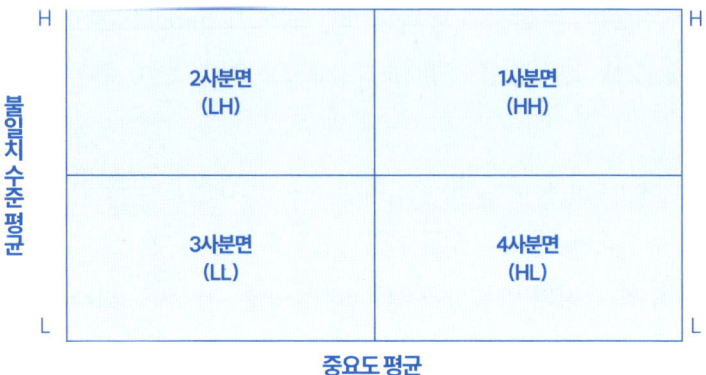

[그림 1] The Locus for Focus Model

The Locus for Focus Model은 바람직한 수준의 평균값을 x축으로, 바람직한 수준과 현재 수준 간의 차이(불일치 수준)의 평균값을 y축으로 하는 좌표평면으로 [그림 1]과 같다. [그림 1]에서 보이듯 제1사분면(HH)은 중요성이 평균보다 높고 두 수준의 차이(불일치 수준)가 평균보다 높은 최우선순위군으로 분류할 수 있다. 다음으로 제2사분면(LH)은 중요성이 평균보다 낮고 두 수준의 차이가 평균보다 높고, 제4사분면(HL)은 중요성이 평균보다 높고 두 수준의 차이가 평균보다 낮아 차우선순위

---

[3] Borich 요구도와 The Locus for Focus Model에 관하여서는 다음의 자료를 참고하라. Borich, G. D.(1980). "A Needs Assessment Model for Conducting Follow-up Studies," *The Journal of Teacher Education* 31(3):39-42; Mink, O. G., Shultz, J. M., & Mink, B. P.(1991). *Developing and Managing Open Organizations: A Model and Method for Maximizing Organizational Potential* (Austin: Somerset Consulting Group, Inc.).

군으로 분류할 수 있다. 제3사분면(LL)은 중요성이 평균보다 낮고 두 수준의 차이(불일치 수준)가 평균보다 낮아 우선순위가 가장 낮은 영역이라고 할 수 있다.[4]

Borich 공식과 마찬가지로 바람직한 수준으로 우선순위 결정의 방향성을 갖는 The Locus for Focus Mode의 결과는 Borich 공식에서 도출된 우선순위에서 어느 순위까지를 1차적으로 고려할지에 대한 정보를 제공해 준다. 마지막으로 The Locus for Focus Mode에서 HH분면에 포함된 항목과 그 개수를 파악한다(차순위도 포함). 그리고 The Locus for Focus Mode에서 HH분면에 속한 항목의 개수만큼 Borich의 요구도 상위 순위에 포함된 항목들을 결정한다(차순위도 포함). 그리고 두 방법을 통해 상위 우선순위로 제안된 항목들의 중복성을 확인한다. 두 방법으로부터 공통으로 상위 우선순위에 해당되는 항목을 최우선 순위 항목들로 결정한다. 또한, 두 방법의 하나에만 해당하는 항목을 차순위 항목들로 결정한다.[5]

---

[4] 현영섭·권대봉·신현석·강현주·장은하·최지수(2017). 『지역인적자원개발 정책과제 발굴 및 추진계획마련』(서울: 고려대학교 HRD 정책연구소), 67
[5] 조대연(2009). "설문 조사를 통한 요구분석에서 우선순위결정 방안 탐색", 『교육문제연구』(35), 165-187: 177.

라. 교회와 삶에 대한 인식

(1) 학교급별 삶에 대한 교회의 영향력에 대한 인식

청소년들의 학교급별 삶에 대한 교회의 영향력 인식에서 평균 2점대 (그렇지 않다)와 1점대(전혀 그렇지 않다)의 부정적인 인식을 확인할 수 있어 청소년들의 삶에 대한 교회의 영향력과 실천적 연계성 제고가 시급하게 이루어질 필요가 있음을 시사하고 있다. 집단별로는 '교회는 나의 학교생활에 영향을 준다, 교회는 나의 교우관계에 영향을 준다, 교회는 나의 진로결정에 영향을 준다, 교회는 나의 신앙생활에 영향을 준다'에서 통계적으로 유의미한 수준에서 차이가 나타나고 있었는데, 중학교 재학 청소년들의 인식이 상대적으로 긍정적이었으며, 고등학교 재학 및 기타 소속 청소년들의 인식은 더 부정적이었다. 그 외의 문항에서는 학교급별로 통계적으로 차이가 없이 유사하게 나타나고 있었다.

<표 3> 학교급별 집단 간 차이 분석

구분		평균	표준편차	F
교회는 나의 학교생활에 영향을 준다	중학교(a)	2.246	1.0251	6.966** a>b,c
	고등학교(b)	2.094	.9590	
	기타(c)	1.556	.6980	
교회는 나의 부모관계에 영향을 준다	중학교(a)	1.906	.9867	2.098
	고등학교(b)	1.835	.9976	
	기타(c)	1.519	.7000	

교회는 나의 교우관계에 영향을 준다	중학교(a)	2.205	1.0227	4.518* a>b,c
	고등학교(b)	2.187	1.0453	
	기타(c)	1.593	.8439	
교회는 나의 진로결정에 영향을 준다	중학교(a)	2.645	1.0928	11.091** a>b,c
	고등학교(b)	2.476	1.1513	
	기타(c)	1.630	.7917	
교회는 나의 신앙생활에 영향을 준다	중학교(a)	1.560	.7708	6.086* a>b,c
	고등학교(b)	1.419	.6460	
	기타(c)	1.148	.4560	
교회는 나의 성경공부 흥미를 자극한다	중학교(a)	2.287	.9669	.897
	고등학교(b)	2.243	.9601	
	기타(c)	2.037	.9799	
교회는 내가 정통적인 교리를 이해하는 데 도움을 준다	중학교(a)	2.091	.8914	2.012
	고등학교(b)	2.034	.9067	
	기타(c)	1.741	.8130	

* $p<.05$, ** $p<.001$, 사후분석 Scheffe

(2) 권역별 삶에 대한 교회의 영향력에 대한 인식

청소년들의 권역별 삶에 대한 교회의 영향력 인식은 평균 2점대(그렇지 않다)와 1점대(전혀 그렇지 않다)에 부정적인 인식으로 모든 문항에 있어 통계적으로 차이가 없었다. 이는 권역별로 청소년들의 부정적인 인식에 차이가 나타나고 있지 않음을 의미하는 것이다.

<표 4> 권역별 집단 간 차이 분석

구분		평균	표준편차	F
교회는 나의 학교생활에 영향을 준다	수도권(서울, 경기, 인천)	2.131	.9940	.737
	충청권(충청, 세종)	2.121	.8572	
	호남제주권(전라, 제주)	2.091	.9211	
	대경강원권(대구, 경북, 강원)	2.289	1.0083	
	동남권(부산, 울산, 경남)	2.134	1.0144	
교회는 나의 부모관계에 영향을 준다	수도권(서울, 경기, 인천)	1.827	.9041	.745
	충청권(충청, 세종)	1.667	.9242	
	호남제주권(전라, 제주)	1.909	1.0193	
	대경강원권(대구, 경북, 강원)	1.867	.9738	
	동남권(부산, 울산, 경남)	1.896	1.0391	
교회는 나의 교우관계에 영향을 준다	수도권(서울, 경기, 인천)	2.089	1.0143	.080
	충청권(충청, 세종)	2.273	1.0085	
	호남제주권(전라, 제주)	2.636	1.0486	
	대경강원권(대구, 경북, 강원)	2.322	.9924	
	동남권(부산, 울산, 경남)	2.134	1.0470	
교회는 나의 진로결정에 영향을 준다	수도권(서울, 경기, 인천)	2.476	1.1417	.075
	충청권(충청, 세종)	2.606	1.1440	
	호남제주권(전라, 제주)	3.000	1.0235	
	대경강원권(대구, 경북, 강원)	2.733	1.1397	
	동남권(부산, 울산, 경남)	2.462	1.1057	

교회는 나의 신앙생활에 영향을 준다	수도권(서울, 경기, 인천)	1.419	.6427	.208
	충청권(충청, 세종)	1.364	.6030	
	호남제주권(전라, 제주)	1.727	.7025	
	대경강원권(대구, 경북, 강원)	1.544	.8368	
	동남권(부산, 울산, 경남)	1.502	.7299	
교회는 나의 성경공부 흥미를 자극한다	수도권(서울, 경기, 인천)	2.136	.9075	.030
	충청권(충청, 세종)	2.061	1.0289	
	호남제주권(전라, 제주)	2.545	.8579	
	대경강원권(대구, 경북, 강원)	2.467	1.0299	
	동남권(부산, 울산, 경남)	2.274	.9685	
교회는 내가 정통적인 교리를 이해하는데 도움을 준다	수도권(서울, 경기, 인천)	2.005	.8614	.054
	충청권(충청, 세종)	1.727	.7191	
	호남제주권(전라, 제주)	2.364	.6580	
	대경강원권(대구, 경북, 강원)	2.178	.9431	
	동남권(부산, 울산, 경남)	2.057	.9269	

마. 교회교육 상황에 대한 인식

(1) 학교급별 교회교육 상황에 대한 인식

청소년들의 학교급별 교회교육 상황에 대한 인식에서 평균 2점대(그렇지 않다)와 1점대(전혀 그렇지 않다)의 부정적인 인식을 확인할 수 있어 전반적인 교회교육의 개선이 시급하게 이루어질 필요가 있음을 확인할 수 있다. 학교급별로 문항 중에서는 '교회는 충분한 시간을 가지고 성경공부를 진행한다, 교회는 학생들에게 도전감을 갖도록 학습 활동을 진행한다, 교회는 학생들의 특성(요구, 적성, 재능, 학습 스타일)을 고려하여 교육 활동을 진행한다, 교회학교 교사는 주제의 특성을 고려한 적절한 수업 방법(수업 자료 및 시설)을 활용한다'가 통계적으로 유의미한 수준에서 차이가 나타나고 있었으며, 특별히 중학생들의 인식이 상대적으로 더욱 낮음을 확인할 수 있다.

<표 5> 학교급별 집단 간 차이 분석

구분		평균	표준편차	F
교회는 충분한 시간을 가지고 성경공부를 진행한다	중학교(a)	1.894	.8681	.046*
	고등학교(b)	2.071	.9004	
	기타(c)	2.074	1.1410	
교회는 학생들에게 도전감을 갖도록 학습 활동을 진행한다	중학교(a)	2.023	.8974	.010*
	고등학교(b)	2.243	.9794	
	기타(c)	2.333	1.2403	
교회는 학생들의 특성(요구, 적성, 재능, 학습 스타일)을 고려하여 교육 활동을 진행한다	중학교(a)	2.243	1.0415	.026*
	고등학교(b)	2.479	1.0910	
	기타(c)	2.333	1.1094	
교회는 학생들의 성경 및 신앙질문을 적극적으로 수용한다	중학교(a)	1.874	.8000	.695
	고등학교(b)	1.820	.7885	
	기타(c)	1.889	.9740	

교회는 성경공부 주제 개념을 설명하기 위해 예와 보기를 든다	중학교(a)	1.760	.8476	.499
	고등학교(b)	1.685	.7598	
	기타(c)	1.667	.8321	
교회학교 교사는 교재 내용을 이해하기 쉽고 명쾌하게 설명한다	중학교(a)	1.757	.8203	.085
	고등학교(b)	1.895	.8431	
	기타(c)	1.963	.8540	
교회학교 교사는 주제의 특성을 고려한 적절한 수업 방법(수업 자료 및 시설)을 활용한다	중학교(a)	1.927	.8764	.012*
	고등학교(b)	2.026	.9152	
	기타(c)	2.444	1.0500	
교회는 학생들의 학습 내용 이해 정도를 점검한다	중학교(a)	2.229	.9489	.420
	고등학교(b)	2.139	.9336	
	기타(c)	2.074	1.0715	
교회는 학생들의 수준에 맞게 성경 수업의 난이도를 조절한다	중학교(a)	1.941	.8555	.181
	고등학교(b)	1.929	.9128	
	기타(c)	2.259	1.1298	
교회학교 교사는 성경 공부가 끝나는 시점에 요점을 반복해 주고 요약해준다	중학교(a)	1.883	.8699	.933
	고등학교(b)	1.903	.8029	
	기타(c)	1.852	1.0267	
교회학교 교사는 성경공부 준비를 충분하게 하시어 수업에 임하신다	중학교(a)	1.754	.8140	.621
	고등학교(b)	1.798	.8205	
	기타(c)	1.889	.8473	
교회학교 교사는 성경공부 주제와 관련하여 충분한 지식을 가지고 계신다	중학교(a)	1.557	.7319	.524
	고등학교(b)	1.622	.7066	
	기타(c)	1.630	.7415	

* p<.05, ** p<.001, 사후분석 Scheffe

(2) 권역별 교회교육 상황에 대한 인식

청소년들의 권역별 교회교육 상황에 대한 인식의 경우 전체적으로 평균 2점대(그렇지 않다)와 1점대(전혀 그렇지 않다)의 부정적인 인식을 확인할 수 있어 교회교육 상황에 대한 개선이 시급하게 이루질 필요가 있음을 확인할 수 있다. 권역별로 '교회는 학생들에게 도전감을 갖도록 학습 활동을 진행한다, 교회는 학생들의 특성(요구, 적성, 재능, 학습 스타일)을 고려하여 교육 활동을 진행한다, 교회는 학생들의 성경 및 신앙질문을 적극적으로 수용한다, 교회학교 교사는 주제의 특성을 고려한 적절한 수업 방법(수업 자료 및 시설)을 활용한다'가 통계적으로 유의미한 수준에서 차이가 나타나고 있었으며, 그 외의 문항에서는 통계적으로 차이가 없었다.

<표 6> 권역별 집단 간 차이 분석

구분		평균	표준편차	F
교회는 충분한 시간을 가지고 성경 공부를 진행한다	수도권(서울, 경기, 인천)(a)	1.848	.8541	.119
	충청권(충청, 세종)(b)	1.909	.8427	
	호남제주권(전라, 제주)(c)	2.091	.8112	
	대경강원권(대구, 경북, 강원)(d)	2.122	.8457	
	동남권(부산, 울산, 경남)(e)	2.013	.9447	
교회는 학생들에게 도전감을 갖도록 학습 활동을 진행한다	수도권(서울, 경기, 인천)(a)	1.969	.8639	.016* d>a
	충청권(충청, 세종)(b)	2.242	1.0009	

	호남제주권(전라, 제주)(c)	2.091	.8679	
	대경강원권(대구, 경북, 강원)(d)	2.378	1.0661	
	동남권(부산, 울산, 경남)(e)	2.147	.9616	
교회는 학생들의 특성(요구, 적성, 재능, 학습 스타일)을 고려하여 교육 활동을 진행한다	수도권(서울, 경기, 인천)(a)	2.183	1.0223	.036*
	충청권(충청, 세종)(b)	2.212	1.1112	
	호남제주권(전라, 제주)(c)	2.545	.9117	
	대경강원권(대구, 경북, 강원)(d)	2.578	1.0598	
	동남권(부산, 울산, 경남)(e)	2.381	1.0969	
교회는 학생들의 성경 및 신앙질문을 적극적으로 수용한다	수도권(서울, 경기, 인천)(a)	1.702	.7539	.000** d>a, b>a
	충청권(충청, 세종)(b)	1.545	.7111	
	호남제주권(전라, 제주)(c)	2.045	.7222	
	대경강원권(대구, 경북, 강원)(d)	2.111	.8406	
	동남권(부산, 울산, 경남)(e)	1.890	.8097	
교회는 성경공부 주제 개념을 설명하기 위해 예와 보기를 든다	수도권(서울, 경기, 인천)(a)	1.623	.7707	.095
	충청권(충청, 세종)(b)	1.667	.8165	
	호남제주권(전라, 제주)(c)	1.591	.7341	
	대경강원권(대구, 경북, 강원)(d)	1.889	.8798	
	동남권(부산, 울산, 경남)(e)	1.756	.8134	
교회학교 교사는 교재 내용을 이해하기 쉽고 명쾌하게 설명한다	수도권(서울, 경기, 인천)(a)	1.712	.8434	.063
	충청권(충청, 세종)(b)	1.879	.9273	

	호남제주권(전라, 제주)(c)	1.682	.7799	
	대경강원권(대구, 경북, 강원)(d)	2.011	.9539	
	동남권(부산, 울산, 경남)(e)	1.843	.7720	
교회학교 교사는 주제의 특성을 고려한 적절한 수업 방법(수업 자료 및 시설)을 활용한다	수도권(서울, 경기, 인천)(a)	1.806	.8455	.003* d>a
	충청권(충청, 세종)(b)	2.182	1.0445	
	호남제주권(전라, 제주)(c)	1.773	.8125	
	대경강원권(대구, 경북, 강원)(d)	2.189	.9932	
	동남권(부산, 울산, 경남)(e)	2.043	.8870	
교회는 학생들의 학습 내용 이해 정도를 점검한다	수도권(서울, 경기, 인천)(a)	2.147	.9400	.641
	충청권(충청, 세종)(b)	2.152	1.2278	
	호남제주권(전라, 제주)(c)	2.000	.6172	
	대경강원권(대구, 경북, 강원)(d)	2.300	1.0326	
	동남권(부산, 울산, 경남)(e)	2.191	.9125	
교회는 학생들의 수준에 맞게 성경 수업의 난이도를 조절한다	수도권(서울, 경기, 인천)(a)	1.869	.8697	.413
	충청권(충청, 세종)(b)	1.818	.8461	
	호남제주권(전라, 제주)(c)	1.955	.8439	
	대경강원권(대구, 경북, 강원)(d)	2.056	.9524	
	동남권(부산, 울산, 경남)(e)	1.983	.8991	
교회학교 교사는 성경 공부가 끝나는 시점에 요점을 반복해 주고 요약	수도권(서울, 경기, 인천)(a)	1.864	.9132	.955
	충청권(충청, 세종)(b)	1.848	.9395	

해준다	호남제주권(전라, 제주)(c)	1.864	.8888	
	대경강원권(대구, 경북, 강원)(d)	1.944	.8123	
	동남권(부산, 울산, 경남)(e)	1.896	.8064	
교회학교 교사는 성경공부 준비를 충분하게 하시어 수업에 임하신다	수도권(서울, 경기, 인천)(a)	1.712	.7986	.520
	충청권(충청, 세종)(b)	1.788	.8200	
	호남제주권(전라, 제주)(c)	1.636	.7267	
	대경강원권(대구, 경북, 강원)(d)	1.867	.8506	
	동남권(부산, 울산, 경남)(e)	1.803	.8261	
교회학교 교사는 성경공부 주제와 관련하여 충분한 지식을 가지고 계신다	수도권(서울, 경기, 인천)(a)	1.492	.6872	.301
	충청권(충청, 세종)(b)	1.636	.6528	
	호남제주권(전라, 제주)(c)	1.591	.7341	
	대경강원권(대구, 경북, 강원)(d)	1.644	.8116	
	동남권(부산, 울산, 경남)(e)	1.625	.7190	

* $p<.05$, ** $p<.001$, 사후분석 Scheffe

바. 청소년의 교회 만족도에 대한 인식

(1) 학교급별 교회 만족도에 대한 인식

청소년들의 학교급별 교회 만족도에 대한 인식에서 평균 1점대(전혀 그렇지 않다)와 2점대(그렇지 않다)의 부정적인 인식을 확인할 수 있어 청소년들의 교회 만족도 관련 항목의 개선이 필요함을 확인할 수 있다. 집단별로는 '나의 교회는 나의 신앙생활에 도움을 준다, 나는 교회가 내 삶의 많은 부분을 차지한다고 생각한다, 나는 친구들에게 그리스도인이라고 이야기하는 편이다, 나는 학교 급식 시간에 식사 기도를 한다, 나는 학교에서 그리스도인으로 살아가기 위해 노력하려고 한다'가 통계적으로 유의미한 수준에서 차이가 나타나고 있었다.

<표 7> 학교급별 집단 간 차이 분석

구분		평균	표준편차	F
나는 지금 다니는 교회에 만족하는 편이다.	중학교(a)	1.578	.7731	.889
	고등학교(b)	1.554	.7899	
	기타(c)	1.519	.8024	
나의 교회는 나의 신앙생활에 도움을 준다.	중학교(a)	1.639	.7720	.027*
	고등학교(b)	1.532	.7163	
	기타(c)	1.296	.6086	
나는 나의 교회를 친구에게 소개해 주고 싶다.	중학교(a)	1.812	.8977	.074
	고등학교(b)	1.682	.8583	
	기타(c)	1.519	.7530	
나는 교회가 내 삶의 많은 부분을 차지한다고 생각한다.	중학교(a)	1.903	.9515	.000** a>b, a>c
	고등학교(b)	1.625	.8239	
	기타(c)	1.296	.6086	

나는 나의 교회에서 신앙생활을 계속하고 싶다.	중학교(a)	1.642	.7940	.345
	고등학교(b)	1.644	.8478	
	기타(c)	1.407	.8884	
나는 나의 교회에 대해서 만족한다.	중학교(a)	1.554	.7241	.367
	고등학교(b)	1.640	.8703	
	기타(c)	1.519	.7530	
나의 친구들은 교회를 긍정적으로 생각하는 편이다.	중학교(a)	2.217	1.0515	.063
	고등학교(b)	2.281	1.0933	
	기타(c)	1.778	.8473	
나의 친구들은 교회에 관심이 있다.	중학교(a)	2.762	1.1501	.219
	고등학교(b)	2.813	1.1740	
	기타(c)	2.407	.9711	
나는 친구들에게 교회에 대해 이야기 해본 적이 있다.	중학교(a)	1.909	.9396	.406
	고등학교(b)	1.809	.9120	
	기타(c)	1.815	1.0014	
나는 친구들에게 그리스도인이라고 이야기하는 편이다.	중학교(a)	2.129	1.1119	.000**
	고등학교(b)	1.700	.9499	
	기타(c)	1.556	.8473	
나는 학교 급식 시간에 식사기도를 한다.	중학교(a)	2.619	1.3311	.002*
	고등학교(b)	2.509	1.2988	
	기타(c)	1.704	.9929	

나는 학교에서 그리스도인으로 살아가기 위해 노력하려고 한다.	중학교(a)	2.211	1.0443	.001*
	고등학교(b)	2.011	.9713	
	기타(c)	1.519	.7000	

* p<.05, ** p<.001, 사후분석 Scheffe

(2) 권역별 교회 만족도에 대한 인식

청소년들의 권역별 교회 만족도에 대한 인식의 경우 전체적으로 평균 2점대(그렇지 않다)와 1점대(전혀 그렇지 않다)의 부정적인 인식을 확인할 수 있었다. 권역별로 '나는 지금 다니는 교회에 만족하는 편이다, 나의 교회는 나의 신앙생활에 도움을 준다, 나는 나의 교회에서 신앙생활을 계속하고 싶다, 나의 친구들은 교회에 관심이 있다, 나는 학교에서 그리스도인으로 살아가기 위해 노력하려고 한다'가 통계적으로 유의미한 수준에서 차이가 나타나고 있었으며, 그 외의 문항에서는 통계적으로 차이가 없었다.

<표 8> 권역별 집단 간 차이 분석

구분		평균	표준편차	F
나는 지금 다니는 교회에 만족하는 편이다.	수도권(서울, 경기, 인천)(a)	1.408	.6331	.000** d>a
	충청권(충청, 세종)(b)	1.424	.6139	
	호남제주권(전라, 제주)(c)	1.682	.9455	

	대경강원권(대구, 경북, 강원)(d)	1.856	.8684	
	동남권(부산, 울산, 경남)(e)	1.585	.8163	
나의 교회는 나의 신앙생활에 도움을 준다.	수도권(서울, 경기, 인천)(a)	1.445	.6695	.010*
	충청권(충청, 세종)(b)	1.576	.6629	
	호남제주권(전라, 제주)(c)	1.909	.8679	
	대경강원권(대구, 경북, 강원)(d)	1.700	.7562	
	동남권(부산, 울산, 경남)(e)	1.605	.7760	
나는 나의 교회를 친구에게 소개해 주고 싶다.	수도권(서울, 경기, 인천)(a)	1.665	.9019	.262
	충청권(충청, 세종)(b)	1.697	.6840	
	호남제주권(전라, 제주)(c)	1.909	.9211	
	대경강원권(대구, 경북, 강원)(d)	1.900	.8618	
	동남권(부산, 울산, 경남)(e)	1.742	.8808	
나는 교회가 내 삶의 많은 부분을 차지한다고 생각한다.	수도권(서울, 경기, 인천)(a)	1.723	.8953	.200
	충청권(충청, 세종)(b)	1.818	.8823	
	호남제주권(전라, 제주)(c)	2.091	.8679	
	*대경강원권(대구, 경북, 강원)(d)	1.889	.9533	
	동남권(부산, 울산, 경남)(e)	1.716	.8915	
	수도권(서울, 경기, 인천)(a)	1.487	.7388	

항목	지역	평균	표준편차	유의확률
나는 나의 교회에서 신앙생활을 계속하고 싶다.	충청권(충청, 세종)(b)	1.576	.7084	.002* d>a
	호남제주권(전라, 제주)(c)	2.000	.8729	
	대경강원권(대구, 경북, 강원)(d)	1.856	.9429	
	동남권(부산, 울산, 경남)(e)	1.639	.8213	
나는 나의 교회에 대해서 만족한다.	수도권(서울, 경기, 인천)(a)	1.476	.7314	.171
	충청권(충청, 세종)(b)	1.606	.7044	
	호남제주권(전라, 제주)(c)	1.682	.8937	
	대경강원권(대구, 경북, 강원)(d)	1.700	.8272	
	동남권(부산, 울산, 경남)(e)	1.619	.8121	
나의 친구들은 교회를 긍정적으로 생각하는 편이다.	수도권(서울, 경기, 인천)(a)	2.099	1.0441	.370
	충청권(충청, 세종)(b)	2.273	1.0390	
	호남제주권(전라, 제주)(c)	2.136	.8888	
	대경강원권(대구, 경북, 강원)(d)	2.267	.9575	
	동남권(부산, 울산, 경남)(e)	2.294	1.1204	
나의 친구들은 교회에 관심이 있다.	수도권(서울, 경기, 인천)(a)	2.545	1.1774	.028* e>a
	충청권(충청, 세종)(b)	2.727	.9445	
	호남제주권(전라, 제주)(c)	2.909	1.1509	
	대경강원권(대구, 경북, 강원)(d)	2.867	1.1917	
	동남권(부산, 울산, 경남)(e)	2.876	1.1358	
	수도권(서울, 경기, 인천)(a)	1.806	.9510	

나는 친구들에게 교회에 대해 이야기 해 본 적이 있다.	충청권(충청, 세종)(b)	1.848	.8337	.273
	호남제주권(전라, 제주)(c)	2.136	.7743	
	대경강원권(대구, 경북, 강원)(d)	2.011	1.0439	
	동남권(부산, 울산, 경남)(e)	1.836	.8992	
나는 친구들에게 그리스도인이라고 이야기하는 편이다.	수도권(서울, 경기, 인천)(a)	1.890	1.0923	.176
	충청권(충청, 세종)(b)	1.848	.9056	
	호남제주권(전라, 제주)(c)	2.364	1.0486	
	대경강원권(대구, 경북, 강원)(d)	2.067	1.0255	
	동남권(부산, 울산, 경남)(e)	1.880	1.0582	
나는 학교 급식 시간에 식사 기도를 한다.	수도권(서울, 경기, 인천)(a)	2.508	1.3450	.829
	충청권(충청, 세종)(b)	2.545	1.3714	
	호남제주권(전라, 제주)(c)	2.682	1.2492	
	대경강원권(대구, 경북, 강원)(d)	2.667	1.2808	
	동남권(부산, 울산, 경남)(e)	2.498	1.3117	
나는 학교에서 그리스도인으로 살아가기 위해 노력하려고 한다.	수도권(서울, 경기, 인천)(a)	1.921	.9565	.009*
	충청권(충청, 세종)(b)	2.061	1.0880	
	호남제주권(전라, 제주)(c)	2.409	.9591	
	대경강원권(대구, 경북, 강원)(d)	2.344	1.0827	
	동남권(부산, 울산, 경남)(e)	2.117	1.0049	

* $p<.05$, ** $p<.001$, 사후분석 Scheffe

사. 청소년의 교회 내 관계에 대한 인식

(1) 학교급별 교회 내 관계에 대한 인식

학교급별로 청소년들의 교회 내 관계에 대한 인식을 살펴보면 모든 문항 영역에 있어 통계적인 차이가 나타나지 않고 있어, 학교급별 유사한 인식을 가지고 있음을 확인할 수 있다. 전체적으로 교회 내 관계에 대하여 평균 1점대(전혀 그렇지 않다)와 2점대(그렇지 않다)의 부정적인 인식을 확인할 수 있어 교회 내 관계성의 질적 제고가 이루어질 필요가 있다.

<표 9> 학교급별 집단 간 차이 분석

구분		평균	표준편차	F
나는 교회 내 성도들에게 개인적으로 관심을 받고 있다(개인 연락, 문자 등)	중학교(a)	2.340	1.0383	.226
	고등학교(b)	2.206	1.0254	
	기타(c)	2.148	.9488	
나는 교회 내 성도들에게 공동체적으로 관심을 받고 있다(교회장학금 등)	중학교(a)	2.545	1.0908	.074
	고등학교(b)	2.375	1.1447	
	기타(c)	2.185	1.0391	
나는 교회의 목회자들을 신뢰한다.	중학교(a)	1.718	.8134	.085
	고등학교(b)	1.614	.7339	
	기타(c)	1.444	.6405	

나는 교회의 성도들을 신뢰한다.	중학교(a)	1.812	.8575	.958
	고등학교(b)	1.824	.8378	
	기타(c)	1.778	.8006	
나는 교회의 교사(주일학교 선생님)를 신뢰한다.	중학교(a)	1.628	.7548	.978
	고등학교(b)	1.640	.7694	
	기타(c)	1.630	.7415	
나는 교회에서 소속감을 느끼고 있다.	중학교(a)	1.748	.8580	.695
	고등학교(b)	1.693	.8645	
	기타(c)	1.667	.7845	
나는 나의 고민을 교회 지체들과 나눌 수 있다.	중학교(a)	2.258	1.0999	.411
	고등학교(b)	2.247	1.1300	
	기타(c)	1.963	1.0554	
나는 나의 진로에 대하여 교회 지체들과 이야길 할 수 있다.	중학교(a)	2.194	1.0890	.128
	고등학교(b)	2.064	1.0258	
	기타(c)	1.852	.9885	

(2) 권역별 교회 내 관계에 대한 인식

청소년들의 권역별 교회 내 관계에 대한 인식의 경우 전반적으로 평균 2점대(그렇지 않다)와 1점대(전혀 그렇지 않다)의 부정적인 인식을 확인할 수 있었으며, '나는 교회 내 성도들에게 개인적으로 관심을 받고 있다(개인 연락, 문자 등), 나는 나의 고민을 교회 지체들과 나눌 수 있다'가 통계적으로 유의미한 수준에서 차이가 나타나고 있었으며, 그 외의 문항에서는 동계적으로 차이가 없었다.

<표 10> 권역별 집단 간 차이 분석

구분		평균	표준편차	F
나는 교회 내 성도들에게 개인적으로 관심을 받고 있다(개인 연락, 문자 등)	수도권(서울, 경기, 인천)(a)	2.152	1.0120	.011* d>a
	충청권(충청, 세종)(b)	2.242	.8671	
	호남제주권(전라, 제주)(c)	2.545	.9625	
	대경강원권(대구, 경북, 강원)(d)	2.589	1.0589	
	동남권(부산, 울산, 경남)(e)	2.244	1.0382	
나는 교회 내 성도들에게 공동체적으로 관심을 받고 있다(교회장학금 등)	수도권(서울, 경기, 인천)(a)	2.524	1.1508	.168
	충청권(충청, 세종)(b)	2.273	.9108	
	호남제주권(전라, 제주)(c)	2.864	1.1668	
	대경강원권(대구, 경북, 강원)(d)	2.544	1.1530	
	동남권(부산, 울산, 경남)(e)	2.381	1.0907	
나는 교회의 목회자들을 신뢰한다.	수도권(서울, 경기, 인천)(a)	1.597	.7745	.570
	충청권(충청, 세종)(b)	1.758	.7084	
	호남제주권(전라, 제주)(c)	1.818	.7327	
	대경강원권(대구, 경북, 강원)(d)	1.689	.7591	

문항	권역	평균	표준편차	유의확률
	동남권(부산, 울산, 경남)(e)	1.676	.7933	
나는 교회의 성도들을 신뢰한다.	수도권(서울, 경기, 인천)(a)	1.728	.8393	.375
	충청권(충청, 세종)(b)	1.788	.7398	
	호남제주권(전라, 제주)(c)	2.000	.7559	
	대경강원권(대구, 경북, 강원)(d)	1.800	.8638	
	동남권(부산, 울산, 경남)(e)	1.866	.8605	
나는 교회의 교사(주일학교 선생님)를 신뢰한다.	수도권(서울, 경기, 인천)(a)	1.529	.7384	.127
	충청권(충청, 세종)(b)	1.848	.8337	
	호남제주권(전라, 제주)(c)	1.727	.7025	
	대경강원권(대구, 경북, 강원)(d)	1.678	.7764	
	동남권(부산, 울산, 경남)(e)	1.656	.7587	
나는 교회에서 소속감을 느끼고 있다.	수도권(서울, 경기, 인천)(a)	1.628	.7834	.463
	충청권(충청, 세종)(b)	1.697	.8095	
	호남제주권(전라, 제주)(c)	1.818	.7327	
	대경강원권(대구, 경북, 강원)(d)	1.789	.9056	
	동남권(부산, 울산, 경남)(e)	1.756	.8996	
나는 나의 고민을 교회 지체들과 나눌 수 있다.	수도권(서울, 경기, 인천)(a)	2.068	1.0861	.041* d>a
	충청권(충청, 세종)(b)	2.364	1.1942	
	호남제주권(전라, 제주)(c)	2.591	1.0980	
	대경강원권(대구, 경북, 강원)(d)	2.433	1.1713	

	동남권(부산, 울산, 경남)(e)	2.254	1.0879	
나는 나의 진로에 대하여 교회 지체들과 이야길 할 수 있다.	수도권(서울, 경기, 인천)(n)	1.974	1.0333	.070
	충청권(충청, 세종)(b)	2.030	1.1035	
	호남제주권(전라, 제주)(c)	2.500	1.0579	
	대경강원권(대구, 경북, 강원)(d)	2.256	1.1472	
	동남권(부산, 울산, 경남)(e)	2.164	1.0378	

* $p<.05$, ** $p<.001$, 사후분석 Scheffe

아. 교회 내 교육 활동에 대한 인식

(1) 학교급별 교회 내 교육 활동에 대한 인식

청소년들의 학교급별 교회 내 교육 활동에 대한 인식의 경우 전반적으로 평균 3점대(보통이다), 2점대(그렇지 않다), 1점대(전혀 그렇지 않다)의 인식을 확인할 수 있었으며, '나는 교회에서 이단 교육을 받은 적이 있다, 나는 교회에서 교리 교육을 받은 적이 있다, 나는 교회에서 동성애 교육을 받은 적이 있다, 나는 교회에서 연애교육을 받은 적이 있다, 나는 교회에서 결혼교육을 받은 적이 있다, 나는 교회에서 성례(세례/성찬)교육을 받은 적이 있다'가 통계적으로 유의미한 수준에서 차이가 나타나고 있었다. 해당 사항은 교회 내 교육 활동의 체계적인 운영과 효과적인 제공이 필요함을 시사하는 것이다. 그 외의 문항에서는 통계적으로 무의미하여, 학교급별로 유사한 인식을 하고 있음을 확인할 수 있다.

<표 11> 학교급별 집단 간 차이 분석

구분		평균	표준편차	F
나는 교회에서 성교육을 받은 적이 있다.	중학교(a)	3.229	1.4734	.723
	고등학교(b)	3.139	1.4352	
	기타(c)	3.111	1.4500	
나는 교회에서 이단 교육을 받은 적이 있다.	중학교(a)	2.748	1.4166	.001* a>b
	고등학교(b)	2.318	1.3207	
	기타(c)	2.407	1.3661	
나는 교회에서 성경 교육을 받은 적이 있다.	중학교(a)	1.543	.8413	.173
	고등학교(b)	1.457	.7466	
	기타(c)	1.296	.6086	
나는 교회에서 교리 교육을 받은 적이 있다.	중학교(a)	2.091	1.0740	.001* a>b
	고등학교(b)	1.798	1.0020	
	기타(c)	1.667	1.0377	
나는 교회에서 동성애교육을 받은 적이 있다.	중학교(a)	2.971	1.3908	.028* a>b
	고등학교(b)	2.670	1.3614	
	기타(c)	2.741	1.5088	
나는 교회에서 연애교육을 받은 적이 있다.	중학교(a)	3.021	1.3963	.019* a>b
	고등학교(b)	2.712	1.3416	
	기타(c)	2.704	1.4092	

나는 교회에서 결혼교육을 받은 적이 있다.	중학교(a)	3.235	1.3561	.001* a>b
	고등학교(b)	2.846	1.3582	
	기타(c)	2.778	1.6251	
나는 교회에서 기독교세계관 교육을 받은 적이 있다.	중학교(a)	2.317	1.1604	.292
	고등학교(b)	2.172	1.1004	
	기타(c)	2.185	1.4152	
나는 교회에서 진로 교육을 받은 적이 있다.	중학교(a)	2.745	1.2980	.610
	고등학교(b)	2.648	1.1904	
	기타(c)	2.630	1.1815	
나는 교회에서 경제 교육을 받은 적이 있다.	중학교(a)	3.305	1.2536	.699
	고등학교(b)	3.390	1.1849	
	기타(c)	3.333	1.2089	
나는 교회에서 성례(세례/성찬)교육을 받은 적이 있다.	중학교(a)	2.249	1.2483	.000** a>b
	고등학교(b)	1.742	1.0171	
	기타(c)	1.741	1.0952	
나는 교회에서 대인관계(대화법 등) 교육을 받은 적이 있다.	중학교(a)	2.713	1.2460	.238
	고등학교(b)	2.655	1.1988	
	기타(c)	3.074	1.3280	

* $p<.05$, ** $p<.001$, 사후분석 Scheffe

(2) 권역별 교회 내 교육 활동에 대한 인식

청소년들의 권역별 교회 내 교육 활동에 대한 인식은 평균 4점대(그렇다)~1점대(전혀 그렇지 않다)에 다양하게 분포하고 있으며, 권역별로 교육 활동의 차이가 통계적으로 유의미하게 나타나고 있었다. 권역별로 호남제주 권역에서 청소년들의 교육 활동에 대한 상대적으로 긍정적인 인식이 확인되고 있었다. 한편, 교회의 본질적인 사역과 관련된 교육 활동 및 접근 전략의 부재를 예상케 하는 청소년들의 인식도 확인되는데, 이단 교육, 성경 교육, 교리 교육, 성례 교육 등에 대한 인식이다. 이는 코로나 펜데믹 상황에 따른 교회의 관련 교육 활동 및 사역 부재의 결과로 추측할 수 있지만, 해당 교육 활동의 내실 있는 수행과 기독교교육적인 접근이 현장 사역에서 시급하게 회복되고 필요함을 강력하게 시사하는 대목이기도 하다.

<표 12> 권역별 집단 간 차이 분석

구분		평균	표준편차	F
나는 교회에서 성교육을 받은 적이 있다.	수도권(서울, 경기, 인천)(a)	3.126	1.4779	.000** c>a, d>a
	충청권(충청, 세종)(b)	3.061	1.3679	
	호남제주권(전라, 제주)(c)	4.091	1.1088	
	대경강원권(대구, 경북, 강원)(d)	3.756	1.2390	
	동남권(부산, 울산, 경남)(e)	3.000	1.4723	
나는 교회에서 이단 교육을 받은 적이 있다.	수도권(서울, 경기, 인천)(a)	2.817	1.4338	.002* a>e
	충청권(충청, 세종)(b)	2.758	1.3236	

	호남제주권(전라, 제주)(c)	2.955	1.4631	
	대경강원권(대구, 경북, 강원)(d)	2.533	1.3918	
	동남권(부산, 울산, 경남)(e)	2.338	1.3297	
나는 교회에서 성경 교육을 받은 적이 있다.	수도권(서울, 경기, 인천)(a)	1.492	.8327	.173
	충청권(충청, 세종)(b)	1.545	.8326	
	호남제주권(전라, 제주)(c)	1.591	.6661	
	대경강원권(대구, 경북, 강원)(d)	1.667	.9715	
	동남권(부산, 울산, 경남)(e)	1.435	.7082	
나는 교회에서 교리 교육을 받은 적이 있다.	수도권(서울, 경기, 인천)(a)	1.995	1.0488	.093
	충청권(충청, 세종)(b)	1.788	1.0535	
	호남제주권(전라, 제주)(c)	2.091	1.1088	
	대경강원권(대구, 경북, 강원)(d)	2.178	1.1763	
	동남권(부산, 울산, 경남)(e)	1.860	1.0035	
나는 교회에서 동성애교육을 받은 적이 있다.	수도권(서울, 경기, 인천)(a)	2.958	1.3566	.001* c>d, c>e
	충청권(충청, 세종)(b)	2.909	1.4867	
	호남제주권(전라, 제주)(c)	3.909	1.3060	
	대경강원권(대구, 경북, 강원)(d)	2.778	1.3473	
	동남권(부산, 울산, 경남)(e)	2.686	1.3836	
나는 교회에서 연애교육을 받은 적이 있다.	수도권(서울, 경기, 인천)(a)	2.932	1.3221	.000** c>e
	충청권(충청, 세종)(b)	2.667	1.6137	

	호남제주권(전라, 제주)(c)	3.773	1.2318	
	대경강원권(대구, 경북, 강원)(d)	3.322	1.3140	
	동남권(부산, 울산, 경남)(e)	2.666	1.3666	
나는 교회에서 결혼교육을 받은 적이 있다.	수도권(서울, 경기, 인천)(a)	3.037	1.3969	.000** c>a, c>e
	충청권(충청, 세종)(b)	2.848	1.4603	
	호남제주권(전라, 제주)(c)	4.000	1.0690	
	대경강원권(대구, 경북, 강원)(d)	3.411	1.3230	
	동남권(부산, 울산, 경남)(e)	2.906	1.3602	
나는 교회에서 기독교세계관 교육을 받은 적이 있다.	수도권(서울, 경기, 인천)(a)	2.267	1.2126	.029*
	충청권(충청, 세종)(b)	2.182	1.2107	
	호남제주권(전라, 제주)(c)	2.864	1.1668	
	대경강원권(대구, 경북, 강원)(d)	2.422	1.2084	
	동남권(부산, 울산, 경남)(e)	2.151	1.0622	
나는 교회에서 진로교육을 받은 적이 있다.	수도권(서울, 경기, 인천)(a)	2.576	1.2579	.001* c>a
	충청권(충청, 세종)(b)	2.576	1.2255	
	호남제주권(전라, 제주)(c)	3.727	1.1205	
	대경강원권(대구, 경북, 강원)(d)	2.822	1.2771	
	동남권(부산, 울산, 경남)(e)	2.679	1.2140	
나는 교회에서 경제교육을 받은 적이 있다.	수도권(서울, 경기, 인천)(a)	3.377	1.2373	.394
	충청권(충청, 세종)(b)	3.424	1.0906	

	호남제주권(전라, 제주)(c)	3.727	1.0320	
	대경강원권(대구, 경북, 강원)(d)	3.411	1.2352	
	동남권(부산, 울산, 경남)(e)	3.261	1.2338	
나는 교회에서 성례(세례/성찬)교육을 받은 적이 있다.	수도권(서울, 경기, 인천)(a)	2.084	1.2411	.625
	충청권(충청, 세종)(b)	1.848	1.0932	
	호남제주권(전라, 제주)(c)	2.091	.9211	
	대경강원권(대구, 경북, 강원)(d)	2.100	1.3158	
	동남권(부산, 울산, 경남)(e)	1.957	1.1149	
나는 교회에서 대인관계(대화법 등) 교육을 받은 적이 있다.	수도권(서울, 경기, 인천)(a)	2.707	1.2969	.105
	충청권(충청, 세종)(b)	2.515	1.3020	
	호남제주권(전라, 제주)(c)	3.364	1.0486	
	대경강원권(대구, 경북, 강원)(d)	2.756	1.2115	
	동남권(부산, 울산, 경남)(e)	2.659	1.1889	

자. 교회 관련 고민에 대한 인식

(1) 학교급별 교회 관련 고민에 대한 인식

청소년들의 학교급별 교회 관련 고민에 대한 인식은 평균 4점대(그렇다)~3점대(보통이다)에 분포하고 있으며, '나는 신앙생활을 해도 성장하지 않는 자신의 모습 때문에 교회를 떠나고자 고민해본 적이 있다'을 제외하고 모든 문항이 통계적으로 무의미하였다. 구체적으로 '나는 신앙생활을 해도 성장하지 않는 자신의 모습 때문에 교회를 떠나고자 고민해본 적이 있다'의 경우 중학생들의 인식이 통계적으로 유의미하게 높게 나타나고 있어 이에 대한 개선이 요청되며, 그 외의 문항들도 대부분이 부정적 차원이 유사하게 인식되고 있어 이에 대한 사역적 접근이 시급하게 요청된다.

<표 13> 학교급별 집단 간 차이 분석

구분		평균	표준편차	F
나는 향후 다른 교회로 옮길 의향이 있다.	중학교(a)	3.880	1.1531	2.606
	고등학교(b)	3.659	1.2324	
	기타(c)	3.741	1.1298	
나는 향후 신앙생활을 포기할 의향이 있다.	중학교(a)	4.317	1.0114	1.165
	고등학교(b)	4.326	1.0807	
	기타(c)	4.630	.7415	
나는 목회자로 인해 교회를 떠나고자 고민해 본 적이 있다.	중학교(a)	4.282	1.0613	.904
	고등학교(b)	4.322	1.0229	
	기타(c)	4.037	1.3440	
나는 목회자의 비윤리적 행동 때문에 교회를 떠나고자 고민해본 적이 있다.	중학교(a)	4.411	.9800	.790
	고등학교(b)	4.476	.9065	
	기타(c)	4.259	1.2888	

문항	구분	평균	표준편차	F
나는 목회자의 설교 때문에 교회를 떠나고자 고민해본 적이 있다.	중학교(a)	4.422	.9870	.443
	고등학교(b)	4.479	.9230	
	기타(c)	4.333	1.0742	
나는 신앙 자체에 대한 회의감이 들어 교회를 떠나고자 고민해본 적이 있다.	중학교(a)	4.205	1.0760	2.049
	고등학교(b)	4.030	1.2651	
	기타(c)	3.926	1.4392	
나는 영적인 필요가 채워지지 않아서 교회를 떠나고자 고민해본 적이 있다	중학교(a)	4.255	1.0129	1.050
	고등학교(b)	4.150	1.1306	
	기타(c)	4.037	1.2552	
나는 신앙생활을 해도 성장하지 않는 자신의 모습 때문에 교회를 떠나고자 고민해본 적이 있다.	중학교(a)	4.232	1.0554	3.578*
	고등학교(b)	4.037	1.1915	
	기타(c)	3.778	1.4233	
나는 교회의 문화 때문에 교회를 떠나고자 고민해본 적이 있다.	중학교(a)	4.305	1.0769	1.557
	고등학교(b)	4.169	1.1461	
	기타(c)	4.037	1.3723	
나는 비민주적인 의사소통 구조와 소통의 부재 때문에 교회를 떠나고자 고민해본 적이 있다.	중학교(a)	4.352	.9758	.218
	고등학교(b)	4.382	.9868	
	기타(c)	4.259	1.1298	
나는 교회가 다음 세대에 관심이 없는 것 같아서 교회를 떠나고자 고민해본 적이 있다.	중학교(a)	4.452	.9369	1.430
	고등학교(b)	4.476	.9471	

	기타(c)	4.148	1.3215	
나는 교회가 나에게 지나치게 헌신을 요구하는 문화 때문에 교회를 떠나고자 고민해본 적이 있다.	중학교(a)	4.381	1.0036	.398
	고등학교(b)	4.404	.9854	
	기타(c)	4.556	.8006	
나는 교회가 지나치게 헌금을 강요하는 문화 때문에 교회를 떠나고자 고민해본 적이 있다.	중학교(a)	4.572	.8251	.125
	고등학교(b)	4.599	.7997	
	기타(c)	4.630	.8389	
나는 내가 교회에서 수행하는 봉사로 인해 힘들어서 교회를 떠나고자 고민해본 적이 있다.	중학교(a)	4.449	.9585	.201
	고등학교(b)	4.412	1.0199	
	기타(c)	4.519	1.0514	
나는 교회가 사회적 이슈에 민감하게 반응하지 않기 때문에 교회를 떠나고자 고민해본 적이 있다.	중학교(a)	4.501	.8833	2.018
	고등학교(b)	4.562	.7941	
	기타(c)	4.222	1.0860	
나는 사람들이 생각하는 기독교인에 대한 부정적 인식 때문에 교회를 떠나고자 고민해본 적이 있다.	중학교(a)	4.440	.9456	.167
	고등학교(b)	4.476	.9351	
	기타(c)	4.519	.8932	
나는 교회가 공공의 영역에 관심이 없는 것 같아 교회를 떠나고자 고민해본 적이 있다.	중학교(a)	4.501	.8630	.466
	고등학교(b)	4.551	.8136	
	기타(c)	4.630	.7415	
	중학교(a)	4.472	.9251	

나는 교회가 수행하는 특정한 프로그램으로 인해 교회를 떠나고자 고민해본 적이 있다.	고등학교(b)	4.539	.8459	.477
	기타(c)	4.556	.8006	
나는 교회의 시설환경이 낙후되어 교회를 떠나고자 고민해본 적이 있다.	중학교(a)	4.525	.8593	.733
	고등학교(b)	4.607	.8127	
	기타(c)	4.593	.7971	
나는 나의 교회부서(중고등부)로 인해 교회를 떠나고자 고민해본 적이 있다.	중학교(a)	4.334	1.0681	.713
	고등학교(b)	4.296	1.1333	
	기타(c)	4.556	.8473	

* p<.05, ** p<.001, 사후분석 Scheffe

(2) 권역별 교회 관련 고민에 대한 인식

청소년들의 권역별 교회 관련 고민에 대한 인식은 '나는 향후 신앙생활을 포기할 의향이 있다, 나는 교회가 나에게 지나치게 헌신을 요구하는 문화 때문에 교회를 떠나고자 고민해본 적 있다, 나는 나의 교회부서(중고등부)로 인해 교회를 떠나고자 고민해본 적이 있다'에 대하여 통계적으로 유의미한 차이가 나타나고 있으며, 평균 4점대(그렇다)~3점대(보통이다)의 부정적인 인식을 보여 주고 있다.

<표 14> 권역별 집단 간 차이 분석

구분		평균	표준편차	F
나는 향후 다른 교회로 옮길 의향이 있다.	수도권(서울, 경기, 인천)(a)	3.843	1.2081	.773
	충청권(충청, 세종)(b)	4.000	.8660	
	호남제주권(전라, 제주)(c)	3.773	1.1098	
	대경강원권(대구, 경북, 강원)(d)	3.633	1.2582	
	동남권(부산, 울산, 경남)(e)	3.763	1.1930	
나는 향후 신앙생활을 포기할 의향이 있다.	수도권(서울, 경기, 인천)(a)	4.387	1.0294	2.703* b>c
	충청권(충청, 세종)(b)	4.667	.6922	
	호남제주권(전라, 제주)(c)	3.773	1.1098	
	대경강원권(대구, 경북, 강원)(d)	4.333	.9715	
	동남권(부산, 울산, 경남)(e)	4.304	1.0639	
나는 목회자로 인해 교회를 떠나고자 고민해 본 적이 있다.	수도권(서울, 경기, 인천)(a)	4.377	1.0634	.516
	충청권(충청, 세종)(b)	4.242	1.1189	
	호남제주권(전라, 제주)(c)	4.182	1.0065	
	대경강원권(대구, 경북, 강원)(d)	4.233	1.0605	
	동남권(부산, 울산, 경남)(e)	4.261	1.0550	
나는 목회자의 비윤리적 행동 때문에 교회를 떠나고자 고민해본 적이 있다.	수도권(서울, 경기, 인천)(a)	4.503	.9340	1.173
	충청권(충청, 세종)(b)	4.152	1.3020	
	호남제주권(전라, 제주)(c)	4.500	.6726	

	대경강원권(대구, 경북, 강원)(d)	4.489	.8899	
	동남권(부산, 울산, 경남)(e)	4.395	.9787	
나는 목회자의 설교 때문에 교회를 떠나고자 고민해본 적이 있다.	수도권(서울, 경기, 인천)(a)	4.471	1.0094	.145
	충청권(충청, 세종)(b)	4.424	1.0317	
	호남제주권(전라, 제주)(c)	4.545	.8004	
	대경강원권(대구, 경북, 강원)(d)	4.433	.8875	
	동남권(부산, 울산, 경남)(e)	4.421	.9640	
나는 신앙 자체에 대한 회의감이 들어 교회를 떠나고자 고민해본 적이 있다.	수도권(서울, 경기, 인천)(a)	4.178	1.2095	1.082
	충청권(충청, 세종)(b)	4.212	1.1661	
	호남제주권(전라, 제주)(c)	3.727	1.1622	
	대경강원권(대구, 경북, 강원)(d)	4.222	1.1196	
	동남권(부산, 울산, 경남)(e)	4.070	1.1751	
나는 영적인 필요가 채워지지 않아서 교회를 떠나고자 고민해본 적이 있다	수도권(서울, 경기, 인천)(a)	4.346	1.0593	1.811
	충청권(충청, 세종)(b)	4.394	.7882	
	호남제주권(전라, 제주)(c)	4.000	1.0690	
	대경강원권(대구, 경북, 강원)(d)	4.111	1.1362	
	동남권(부산, 울산, 경남)(e)	4.130	1.0867	
	수도권(서울, 경기, 인천)(a)	4.288	1.0740	

나는 신앙생활을 해도 성장하지 않는 자신의 모습 때문에 교회를 떠나고자 고민해본 적이 있다.	충청권(충청, 세종)(b)	4.182	1.0445	1.688
	호남제주권(전라, 제주)(c)	3.818	1.2587	
	대경강원권(대구, 경북, 강원)(d)	4.100	1.1323	
	동남권(부산, 울산, 경남)(e)	4.057	1.1701	
나는 교회의 문화 때문에 교회를 떠나고자 고민해 본 적이 있다.	수도권(서울, 경기, 인천)(a)	4.325	1.0999	.601
	충청권(충청, 세종)(b)	4.333	.8898	
	호남제주권(전라, 제주)(c)	4.182	1.0970	
	대경강원권(대구, 경북, 강원)(d)	4.233	1.0815	
	동남권(부산, 울산, 경남)(e)	4.174	1.1715	
나는 비민주적인 의사소통 구조와 소통의 부재 때문에 교회를 떠나고자 고민해본 적이 있다.	수도권(서울, 경기, 인천)(a)	4.461	.9664	.881
	충청권(충청, 세종)(b)	4.394	.9334	
	호남제주권(전라, 제주)(c)	4.455	.8004	
	대경강원권(대구, 경북, 강원)(d)	4.311	.9075	
	동남권(부산, 울산, 경남)(e)	4.301	1.0377	
나는 교회가 다음 세대에 관심이 없는 것 같아서 교회를 떠나고자 고민해본 적이 있다.	수도권(서울, 경기, 인천)(a)	4.534	.9334	1.073
	충청권(충청, 세종)(b)	4.636	.7424	
	호남제주권(전라, 제주)(c)	4.318	1.0861	
	대경강원권(대구, 경북, 강원)(d)	4.378	.9896	

	지역	평균	표준편차	F
	동남권(부산, 울산, 경남)(e)	4.405	.9797	
나는 교회가 나에게 지나치게 헌신을 요구하는 문화 때문에 교회를 떠나고자 고민해본 적이 있다.	수도권(서울, 경기, 인천)(a)	4.550	.8562	3.149*
	충청권(충청, 세종)(b)	4.606	.7475	
	호남제주권(전라, 제주)(c)	3.955	1.0901	
	대경강원권(대구, 경북, 강원)(d)	4.378	1.0120	
	동남권(부산, 울산, 경남)(e)	4.318	1.0568	
나는 교회가 지나치게 헌금을 강요하는 문화 때문에 교회를 떠나고자 고민해본 적이 있다.	수도권(서울, 경기, 인천)(a)	4.644	.7532	.945
	충청권(충청, 세종)(b)	4.758	.6629	
	호남제주권(전라, 제주)(c)	4.500	.8018	
	대경강원권(대구, 경북, 강원)(d)	4.511	.9025	
	동남권(부산, 울산, 경남)(e)	4.559	.8389	
나는 내가 교회에서 수행하는 봉사로 인해 힘들어서 교회를 떠나고자 고민해본 적이 있다.	수도권(서울, 경기, 인천)(a)	4.508	.9452	1.729
	충청권(충청, 세종)(b)	4.697	.5294	
	호남제주권(전라, 제주)(c)	4.318	1.0414	
	대경강원권(대구, 경북, 강원)(d)	4.522	.8770	
	동남권(부산, 울산, 경남)(e)	4.344	1.0705	
	수도권(서울, 경기, 인천)(a)	4.581	.8095	
	충청권(충청, 세종)(b)	4.636	.7424	

나는 교회가 사회적 이슈에 민감하게 반응하지 않기 때문에 교회를 떠나고자 고민해본 적이 있다.	호남제주권(전라, 제주)(c)	4.545	.8004	1.178
	대경강원권(대구, 경북, 강원)(d)	4.578	.7028	
	동남권(부산, 울산, 경남)(e)	4.438	.9405	
나는 사람들이 생각하는 기독교인에 대한 부정적 인식 때문에 교회를 떠나고자 고민해본 적이 있다.	수도권(서울, 경기, 인천)(a)	4.529	.9049	.811
	충청권(충청, 세종)(b)	4.485	1.0038	
	호남제주권(전라, 제주)(c)	4.500	.8018	
	대경강원권(대구, 경북, 강원)(d)	4.522	.8377	
	동남권(부산, 울산, 경남)(e)	4.388	.9882	
나는 교회가 공공의 영역에 관심이 없는 것 같아 교회를 떠나고자 고민해본 적이 있다.	수도권(서울, 경기, 인천)(a)	4.576	.8100	1.732
	충청권(충청, 세종)(b)	4.727	.5168	
	호남제주권(전라, 제주)(c)	4.500	.7400	
	대경강원권(대구, 경북, 강원)(d)	4.633	.7412	
	동남권(부산, 울산, 경남)(e)	4.445	.9083	
나는 교회가 수행하는 특정한 프로그램으로 인해 교회를 떠나고자 고민해본 적이 있다.	수도권(서울, 경기, 인천)(a)	4.555	.8681	.778
	충청권(충청, 세종)(b)	4.636	.6990	
	호남제주권(전라, 제주)(c)	4.318	.9455	
	대경강원권(대구, 경북, 강원)(d)	4.533	.8506	
	동남권(부산, 울산, 경남)(e)	4.462	.9238	

나는 교회의 시설환경이 낙후되어 교회를 떠나고자 고민해본 적이 있다.	수도권(서울, 경기, 인천)(a)	4.639	.7883	.974
	충청권(충청, 세종)(b)	4.697	.6840	
	호남제주권(전라, 제주)(c)	4.545	.6710	
	대경강원권(대구, 경북, 강원)(d)	4.544	.8233	
	동남권(부산, 울산, 경남)(e)	4.505	.8951	
나는 나의 교회부서(중고등부)로 인해 교회를 떠나고자 고민해본 적이 있다.	수도권(서울, 경기, 인천)(a)	4.492	.9834	3.011* a>e
	충청권(충청, 세종)(b)	4.576	.9024	
	호남제주권(전라, 제주)(c)	4.273	1.1205	
	대경강원권(대구, 경북, 강원)(d)	4.389	1.0353	
	동남권(부산, 울산, 경남)(e)	4.181	1.1647	

* $p<.05$, ** $p<.001$, 사후분석 Scheffe

차. 청소년의 교회 신앙생활 인식

(1) 학교급별 교회 신앙생활에 대한 인식

청소년들의 학교급별 교회 신앙생활에 대한 인식의 경우 전체적으로 평균 2점대(그렇지 않다)와 1점대(전혀 그렇지 않다)의 부정적인 인식을 확인할 수 있었으며, 일부 항목의 경우 집단에 따라 3점대(보통이다)를 확인할 수 있다. 이러한 측면은 청소년들의 신앙생활과 관련된 본질적인 요소의 개선과 변화를 이끌어낼 수 있는 사역 전략이 시급하게 요청됨을 시사하며, 청소년들의 신앙생활 관련 실태도 여과 없이 보여 주고 있는 맥락으로 이해할 수 있다. 문항별로 '나는 앞으로 세례 및 입교를 할 의향이 있다, 나는 신앙적 대화를 나누고 있다'의 문항은 통계적으로 유의미한 차이가 나타나고 있었으며, 그 외의 문항에 있어서는 통계적으로 무의미하였다.

<표 15> 학교급별 집단 간 차이 분석

구분		평균	표준편차	F
나는 앞으로 세례 및 입교를 할 의향이 있다.	중학교(a)	1.686	.9226	9.056** a>b
	고등학교(b)	1.382	.7781	
	기타(c)	1.593	1.1522	
나는 공예배를 참석하고 있다.	중학교(a)	1.944	1.1271	1.750
	고등학교(b)	1.798	1.1055	
	기타(c)	1.667	1.1767	
나는 오후예배를 참석하고 있다.	중학교(a)	2.836	1.3621	1.644
	고등학교(b)	2.880	1.4277	
	기타(c)	2.370	1.4182	
나는 기도시간을 가지고 있다.	중학교(a)	2.226	1.0677	.067
	고등학교(b)	2.213	1.0982	

	기타(c)	2.148	1.0991	
나는 성경 읽기 시간을 가지고 있다.	중학교(a)	2.774	1.1877	2.208
	고등학교(b)	2.869	1.2238	
	기타(c)	2.370	1.3629	
나는 신앙적 대화를 나누고 있다.	중학교(a)	2.566	1.1111	4.409* a>b
	고등학교(b)	2.337	1.0614	
	기타(c)	2.148	1.0635	
나는 신앙생활을 실천하기 위해 노력하고 있다.	중학교(a)	2.138	.9860	.747
	고등학교(b)	2.079	.9604	
	기타(c)	1.926	.9578	
나는 전도활동을 하고 있다.	중학교(a)	2.912	1.1824	1.620
	고등학교(b)	3.082	1.2142	
	기타(c)	2.889	1.0500	
나는 교회 공동체에 참석하고 있다.	중학교(a)	1.730	.8352	3.744
	고등학교(b)	1.577	.7285	
	기타(c)	1.889	1.0860	
나는 성경공부 혹은 제자훈련에 참여하고 있다.	중학교(a)	2.554	1.1885	.226
	고등학교(b)	2.622	1.2487	
	기타(c)	2.593	1.5257	

나는 주중 신앙활동과 모임에 참여하고 있다.	중학교(a)	2.672	1.2663	.389
	고등학교(b)	2.764	1.3602	
	기타(c)	2.667	1.3301	
나는 헌금생활을 하고 있다.	중학교(a)	1.874	1.0284	1.855
	고등학교(b)	2.041	1.0943	
	기타(c)	1.926	1.2066	
나는 교회봉사활동을 하고 있다.	중학교(a)	2.625	1.2366	2.332
	고등학교(b)	2.423	1.3081	
	기타(c)	2.296	1.3816	
나는 10년후에도 신앙생활을 하고 있을것 같다.	중학교(a)	1.604	.8636	.440
	고등학교(b)	1.577	.8910	
	기타(c)	1.444	.8916	

* $p<.05$, ** $p<.001$, 사후분석 Scheffe

(2) 권역별 교회 신앙생활에 대한 인식

청소년들의 권역별 교회 신앙생활에 대한 인식에 있어 '나는 오후예배를 참석하고 있다, 나는 성경 읽기 시간을 가지고 있다, 나는 신앙적 대화를 나누고 있다, 나는 신앙생활을 실천하기 위해 노력하고 있다, 나는 교회 공동체에 참석하고 있다, 나는 성경공부 혹은 제자훈련에 참여하고 있다, 나는 교회봉사활동을 하고 있다'가 통계적으로 유의미한 차이를 나타내고 있었으며, 그 외의 문항들은 통계적으로 무의미하였다.

<표 16> 권역별 집단 간 차이 분석

구분		평균	표준편차	F
나는 앞으로 세례 및 입교를 할 의향 이 있다.	수도권(서울, 경기, 인천)(a)	1.675	1.0257	1.587
	충청권(충청, 세종)(b)	1.515	.7550	
	호남제주권(전라, 제주)(c)	1.591	.6661	
	대경강원권(대구, 경북, 강원)(d)	1.578	.8992	
	동남권(부산, 울산, 경남)(e)	1.472	.8079	
나는 공예배를 참석하고 있다.	수도권(서울, 경기, 인천)(a)	2.037	1.2156	1.636
	충청권(충청, 세종)(b)	1.758	1.1734	
	호남제주권(전라, 제주)(c)	1.955	.8985	
	대경강원권(대구, 경북, 강원)(d)	1.822	1.1075	
	동남권(부산, 울산, 경남)(e)	1.786	1.0655	
나는 오후예배를 참석하고 있다.	수도권(서울, 경기, 인천)(a)	3.335	1.3776	12.642** a>d, a>e, c>e
	충청권(충청, 세종)(b)	2.697	1.0454	
	호남제주권(전라, 제주)(c)	3.591	1.0075	
	대경강원권(대구, 경북, 강원)(d)	2.633	1.4646	
	동남권(부산, 울산, 경남)(e)	2.535	1.3366	

나는 기도시간을 가지고 있다.	수도권(서울, 경기, 인천)(a)	2.168	1.0776	1.460
	충청권(충청, 세종)(b)	2.182	1.0141	
	호남제주권(전라, 제주)(c)	2.591	.7964	
	대경강원권(대구, 경북, 강원)(d)	2.389	1.0673	
	동남권(부산, 울산, 경남)(e)	2.174	1.1067	
나는 성경 읽기 시간을 가지고 있다.	수도권(서울, 경기, 인천)(a)	2.712	1.2251	2.859*
	충청권(충청, 세종)(b)	2.667	1.1902	
	호남제주권(전라, 제주)(c)	3.500	1.0118	
	대경강원권(대구, 경북, 강원)(d)	2.989	1.1659	
	동남권(부산, 울산, 경남)(e)	2.756	1.2195	
나는 신앙적 대화를 나누고 있다.	수도권(서울, 경기, 인천)(a)	2.372	1.0873	2.937*
	충청권(충청, 세종)(b)	2.273	1.0687	
	호남제주권(전라, 제주)(c)	3.000	1.0690	
	대경강원권(대구, 경북, 강원)(d)	2.678	1.0258	
	동남권(부산, 울산, 경남)(e)	2.415	1.1091	
나는 신앙생활을 실천하기 위해 노력하고 있다.	수도권(서울, 경기, 인천)(a)	1.979	.9567	6.126** c>a, d>a, d>e
	충청권(충청, 세종)(b)	2.242	.9692	
	호남제주권(전라, 제주)(c)	2.682	.8937	
	대경강원권(대구, 경북, 강원)(d)	2.433	.9368	
	동남권(부산, 울산, 경남)(e)	2.027	.9690	

나는 전도활동을 하고 있다.	수도권(서울, 경기, 인천)(a)	3.000	1.2354	.852
	충청권(충청, 세종)(b)	3.091	1.2084	
	호남제주권(전라, 제주)(c)	3.318	1.1705	
	대경강원권(대구, 경북, 강원)(d)	3.056	1.1838	
	동남권(부산, 울산, 경남)(e)	2.913	1.1669	
나는 교회 공동체에 참석하고 있다.	수도권(서울, 경기, 인천)(a)	1.613	.8122	3.237*
	충청권(충청, 세종)(b)	1.727	.8394	
	호남제주권(전라, 제주)(c)	2.000	.6901	
	대경강원권(대구, 경북, 강원)(d)	1.889	.9173	
	동남권(부산, 울산, 경남)(e)	1.615	.7614	
나는 성경공부 혹은 제자훈련에 참여하고 있다.	수도권(서울, 경기, 인천)(a)	2.414	1.2488	4.846* c>a, c>b
	충청권(충청, 세종)(b)	2.121	1.1112	
	호남제주권(전라, 제주)(c)	3.318	.9946	
	대경강원권(대구, 경북, 강원)(d)	2.778	1.1493	
	동남권(부산, 울산, 경남)(e)	2.632	1.2337	
나는 주중 신앙활동과 모임에 참여하고 있다.	수도권(서울, 경기, 인천)(a)	2.775	1.3004	2.047
	충청권(충청, 세종)(b)	2.545	1.0335	
	호남제주권(전라, 제주)(c)	3.136	1.3556	
	대경강원권(대구, 경북, 강원)(d)	2.922	1.3676	
	동남권(부산, 울산, 경남)(e)	2.592	1.3085	

나는 헌금생활을 하고 있다.	수도권(서울, 경기, 인천)(a)	1.953	1.0376	1.764
	충청권(충청, 세종)(b)	1.697	.9515	
	호남제주권(전라, 제주)(c)	2.318	1.1291	
	대경강원권(대구, 경북, 강원)(d)	2.100	1.2366	
	동남권(부산, 울산, 경남)(e)	1.896	1.0294	
나는 교회봉사활동을 하고 있다.	수도권(서울, 경기, 인천)(a)	2.623	1.2832	3.809*
	충청권(충청, 세종)(b)	2.364	1.0845	
	호남제주권(전라, 제주)(c)	3.045	1.2527	
	대경강원권(대구, 경북, 강원)(d)	2.811	1.2443	
	동남권(부산, 울산, 경남)(e)	2.358	1.2780	
나는 10년후에도 신앙생활을 하고 있을 것 같다.	수도권(서울, 경기, 인천)(a)	1.545	.8315	1.797
	충청권(충청, 세종)(b)	1.636	1.0845	
	호남제주권(전라, 제주)(c)	2.045	.8985	
	대경강원권(대구, 경북, 강원)(d)	1.633	.8670	
	동남권(부산, 울산, 경남)(e)	1.559	.8742	

* $p<.05$, ** $p<.001$, 사후분석 Scheffe

카. 청소년의 교회교육 주제 요구도: 전체 그룹, 성별, 학교급별 구분

(1) 전체 천소년의 교회교육 주제 요구도

전체 청소년들의 교회교육에 대한 주제 선호 및 요구도를 분석하기 위하여 대응표본 t 검정을 실시하였다. 현재 선호 수준에서 찬양 및 CCM 교육의 평균이 가장 높았고, 미래 중요도 수준에서는 기도의 평균이 가장 높았다. 대응표본 t 검정 결과는 16개 분야 중 15개 분야에서 통계적으로 유의미한 차이를 보였는데, 본 연구에서 요구는 현재 선호 수준과 미래 중요 수준 간의 차이로 정의되기 때문에 15개 분야에서 갭gap으로서의 요구가 존재하였다. 다음으로 Borich의 요구도 값을 산출한 결과 가장 높은 요구도 값은 성경적 리더십이었으며, 다음으로 선교 및 전도, 성경적 진로 교육 등의 순이었다. 청소년들의 교회교육 요구도 분석 결과는 〈표 17〉과 같다.

<표 17> 청소년들의 교회교육 요구도(전체)

구분	현재선호도		미래중요도		차이		요구도	순위
	평균	순위	평균	순위	평균	t값		
성경적 리더십	3.62	13	4.039	8	0.419	-12.385**	1.692341	1
기독교 세계관(성경적 세계관)	3.772	9	3.969	11	0.197	-5.993**	0.781893	13
성경적 진로 교육	3.712	11	3.986	10	0.274	-8.733**	1.092164	3
성경 교육	3.924	4	4.153	4	0.229	-7.533**	0.951037	8

신앙양육 프로그램	3.825	6	4.091	6	0.266	-8.925**	1.088206	4
선교 및 전도 교육	3.805	7	4.124	5	0.319	-9.873**	1.315556	2
성경적 경제 교육	3.573	15	3.828	15	0.255	-7.558**	0.97614	7
성경적 인간관계 교육	3.983	3	4.159	3	0.176	-5.946**	0.731984	14
성경적 연애 및 결혼	3.775	8	3.998	9	0.223	-7.110**	0.891554	9
기도	4.143	2	4.307	1	0.164	-5.855**	0.706348	15
찬양 및 CCM 교육	4.243	1	4.28	2	0.037	-1.347	0.15836	16
교회론	3.592	14	3.857	14	0.265	-7.953**	1.022105	6
성경적 가정	3.846	5	4.065	7	0.219	-7.082**	0.890235	10
교리 교육	3.693	12	3.898	13	0.205	-6.759**	0.79909	11
성경적 정치 교육	3.287	16	3.58	16	0.293	-8.316**	1.04894	5
성경적 상담	3.767	10	3.967	12	0.2	-6.711**	0.7934	12

** p<.001

다음으로 The Locus for Focus 모델을 활용하여 청소년들의 교회교육 요구 우선순위를 분석한 결과는 [그림 1]과 〈표 18〉와 같다. 교회교육 주제 요구 영역의 미래 중요 수준 평균은 4.01이며, 불일치 수준(미래 중요 수준-현재 선호 수준)의 평균은 0.23으로 나타났다. 미래 중요 수준의 평균을 x축으로, 불일치 수준의 평균을 y축으로 하여 사사분면으로 나타냈을 때, 제1사분면의 영역에 속하는 사역 영역들은 청소년들이 중요하게 생각하고 미래 중요 수준과 현재 선호 수준 간의 불일치 수준이 높은 것들로 최우선적으로 요구되는 교회교육 요구 영역들이다. 분석 결과, 제1사분면에 포함되는 영역은 성경적 리더십, 선교 및 전도 교육, 성경적 진로 교육, 신앙양육 프로그램이었으며, 제2사분면은 성경적 정치 교육, 교회론, 성경적 경제 교육, 제3사분면은 교리 교육, 제4사분면은 성경적 연애 및 결혼, 성경적 가정, 성경 교육, 기독교세계관, 성경적 상담, 성경적 인간관계 교육, 기도, 찬양 및 CCM교육으로 나타났다.

<표 18> The Locus for Focus 모델을 활용한 우선순위(전체)

분면	주제 요구 우선순위
1사분면 (고고)	성경적 리더십, 선교 및 전도 교육, 성경적 진로 교육, 신앙양육 프로그램
2사분면 (저고)	성경적 정치 교육, 교회론, 성경적 경제 교육
3사분면 (저저)	교리 교육
4사분면 (고저)	성경적 연애 및 결혼, 성경 교육, 성경적 가정, 기독교세계관, 성경적 상담, 성경적 인간관계 교육, 기도, 찬양 및 CCM교육

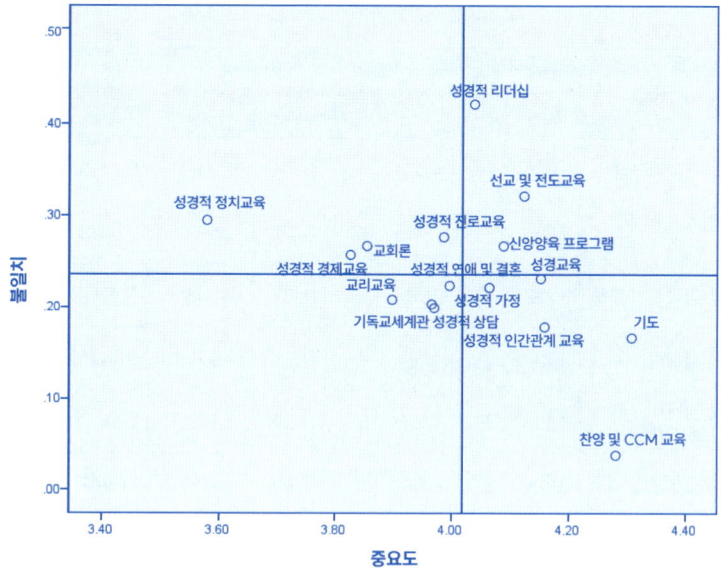

[그림 1] The Locus for Focus모델을 활용한 우선순위(전체)

(2) 남자 청소년의 교회교육 주제 요구도

남자 청소년들의 교회교육에 대한 주제 선호 및 요구도를 분석하기 위하여 대응표본 t 검정을 실시하였다. 현재 선호 수준에서 찬양 및 CCM 교육의 평균이 가장 높았고, 미래 중요도 수준에서는 기도의 평균이 가장 높았다. 다음으로 Borich의 요구도 값을 산출한 결과 가장 높은 요구도 값은 전체 청소년과 동일하게 성경적 리더십이었으며, 선교 및 전도, 신앙양육 프로그램, 교회론 등의 순이었다. 남자 청소년들의 교회교육 요구도 분석 결과는 〈표 19〉과 같다.

<표 19> 청소년들의 교회교육 요구도(남자)

구분	현재선호도		미래중요도		차이		요구도	순위
	평균	순위	평균	순위	평균	t값		
성경적 리더십	3.676	13	4.074	7	0.398	-7.806**	1.621452	1
기독교 세계관 (성경적 세계관)	3.856	6	3.983	12	0.127	-2.598*	0.505841	15
성경적 진로 교육	3.793	10	3.98	13	0.187	-4.346**	0.74426	11
성경 교육	3.93	4	4.157	4	0.227	-4.971**	0.943639	7
신앙양육 프로그램	3.853	7	4.134	5	0.281	-6.142**	1.161654	3
선교 및 전도 교육	3.829	8	4.114	6	0.285	-6.143**	1.17249	2
성경적 경제 교육	3.662	14	3.923	15	0.261	-4.889**	1.023903	6
성경적 인간관계 교육	3.983	3	4.174	3	0.191	-4.415**	0.797234	9
성경적 연애 및 결혼	3.789	11	4.003	10	0.214	-4.656**	0.856642	8
기도	4.147	2	4.278	1	0.131	-3.315**	0.560418	14
찬양 및 CCM 교육	4.154	1	4.221	2	0.067	-1.494	0.282807	16
교회론	3.652	15	3.926	14	0.274	-5.451**	1.075724	4
성경적 가정	3.9	5	4.064	8	0.164	-3.741**	0.666496	13
교리 교육	3.769	12	3.96	13	0.191	-4.584**	0.75636	10
성경적 정치 교육	3.385	16	3.676	16	0.291	-5.541**	1.069716	5
성경적 상담	3.819	9	3.993	11	0.174	-3.994**	0.694782	12

* p<.05, ** p<.001

다음으로 The Locus for Focus 모델을 활용하여 남자 청소년들의 교회 교육 요구 우선순위를 분석한 결과는 [그림 2]과 〈표 20〉과 같다. 미래 중요 수준 평균은 4.04이며, 불일치 수준(미래 중요 수준-현재 선호 수준)의 평균은 0.21으로 나타났다. 분석 결과, 제1사분면에 포함되는 영역은 성경적 리더십, 선교 및 전도 교육, 신앙양육 프로그램, 성경 교육이었으며, 제2사분면은 성경적 정치 교육, 교회론, 성경적 경제 교육, 제3사분면은 성경적 진로 교육, 교리 교육, 성경적 상담, 기독교세계관, 제4사분면은 성경적 가정, 성경적 인간관계 교육, 기도, 찬양 및 CCM교육으로 나타났다.

<표 20> The Locus for Focus 모델을 활용한 우선순위(남자)

분면	주제 요구 우선순위
1사분면 (고고)	성경적 리더십, 선교 및 전도 교육, 신앙양육 프로그램, 성경 교육
2사분면 (저고)	성경적 정치 교육, 교회론, 성경적 경제 교육
3사분면 (저저)	성경적 진로 교육, 교리 교육, 성경적 상담, 기독교세계관
4사분면 (고저)	성경적 가정, 성경적 인간관계 교육, 기도, 찬양 및 CCM교육

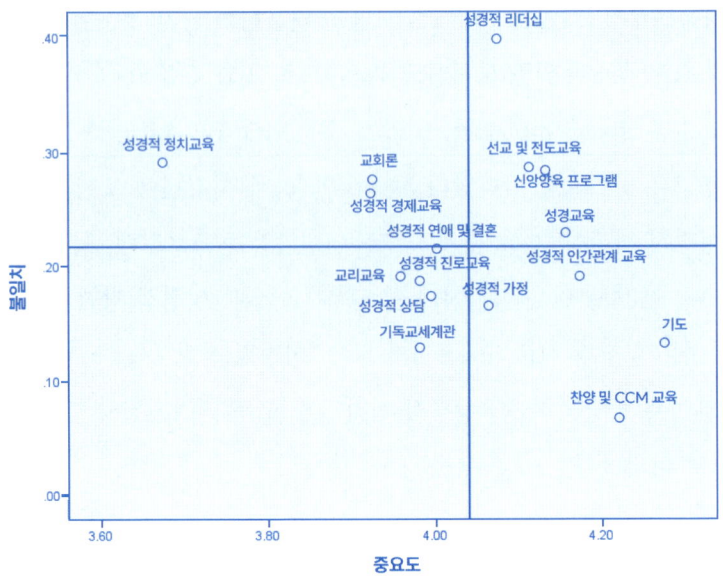

[그림 2] The Locus for Focus모델을 활용한 우선순위(남자)

(3) 여자 청소년의 교회교육 주제 요구도

여자 청소년들의 교회교육에 대한 주제 선호 및 요구도를 분석하기 위하여 대응표본 t 검정을 실시하였다. 현재 선호 수준에서 찬양 및 CCM 교육의 평균이 가장 높았고, 미래 중요도 수준에서는 기도의 평균이 가장 높았다. 해당 사항은 청소년들에 있어 유사하게 나타나고 있는 부분이다. 다음으로 Borich의 요구도 값을 산출한 결과 가장 높은 요구도 값은 전체 청소년 그리고 남자 청소년 구분과 동일하게 성경적 리더십이었으며, 선교 및 전도, 성경적 진로 교육, 성경적 가정 등의 순으로 전체, 남자 청소년과 차이가 나고 있다. 여자 청소년들의 교회교육 요구도 분석 결과는 〈표 21〉과 같다.

<표 21> 청소년들의 교회교육 요구도(여자)

구분	현재선호도		미래중요도		차이		요구도	순위
	평균	순위	평균	순위	평균	t값		
성경적 리더십	3.571	13	4.009	8	0.438	-9.706**	1.755942	1
기독교 세계관 (성경적 세계관)	3.696	10	3.955	11	0.259	-5.877**	1.024345	7
성경적 진로 교육	3.64	11	3.991	10	0.351	-7.828**	1.400841	3
성경 교육	3.92	4	4.149	3	0.229	-5.678**	0.950121	9
신앙양육 프로그램	3.801	5	4.054	7	0.253	-6.481**	1.025662	6
선교 및 전도 교육	3.783	7	4.134	5	0.351	-7.760**	1.451034	2
성경적 경제 교육	3.494	15	3.744	15	0.25	-5.858**	0.936	10
성경적 인간관계 교육	3.982	3	4.146	4	0.164	-4.005**	0.679944	15
성경적 연애 및 결혼	3.762	8	3.994	9	0.232	-5.376**	0.926608	11
기도	4.14	2	4.333	1	0.193	-4.886**	0.836269	13
찬양 및 CCM 교육	4.321	1	4.333	2	0.012	-.340	0.051996	16
교회론	3.539	14	3.795	14	0.256	-5.790**	0.97152	8
성경적 가정	3.798	6	4.065	6	0.267	-6.174**	1.085355	4
교리 교육	3.625	12	3.842	13	0.217	-4.970**	0.833714	14
성경적 정치 교육	3.199	16	3.494	16	0.295	-6.205**	1.03073	5
성경적 상담	3.72	9	3.943	12	0.223	-5.458**	0.879289	12

** p<.001

다음으로 The Locus for Focus 모델을 활용하여 여자 청소년들의 교회교육 요구 우선순위를 분석한 결과는 [그림 3]과 〈표 22〉와 같다. 미래 중요 수준 평균은 3.99이며, 불일치 수준(미래 중요 수준-현재 선호 수준)의 평균은 0.24로 나타났다. 분석 결과, 제1사분면에 포함되는 영역은 성경적 리더십, 선교 및 전도 교육, 성경적 가정, 신앙양육 프로그램이었으며, 제2사분면은 성경적 진로 교육, 성경적 정치 교육, 기독교세계관, 교회론, 성경적 경제 교육, 제3사분면은 교리 교육, 성경적 상담, 성경적 연애 및 결혼, 제4사분면은 성경 교육, 성경적 인간관계 교육, 기도, 찬양 및 CCM교육으로 나타났다.

<표 22> The Locus for Focus 모델을 활용한 우선순위(여자)

분면	주제 요구 우선순위
1사분면 (고고)	성경적 리더십, 선교 및 전도 교육, 성경적 가정, 신앙양육 프로그램
2사분면 (저고)	성경적 진로 교육, 성경적 정치 교육, 기독교세계관, 교회론, 성경적 경제 교육
3사분면 (저저)	교리 교육, 성경적 상담, 성경적 연애 및 결혼
4사분면 (고저)	성경 교육, 성경적 인간관계 교육, 기도, 찬양 및 CCM교육

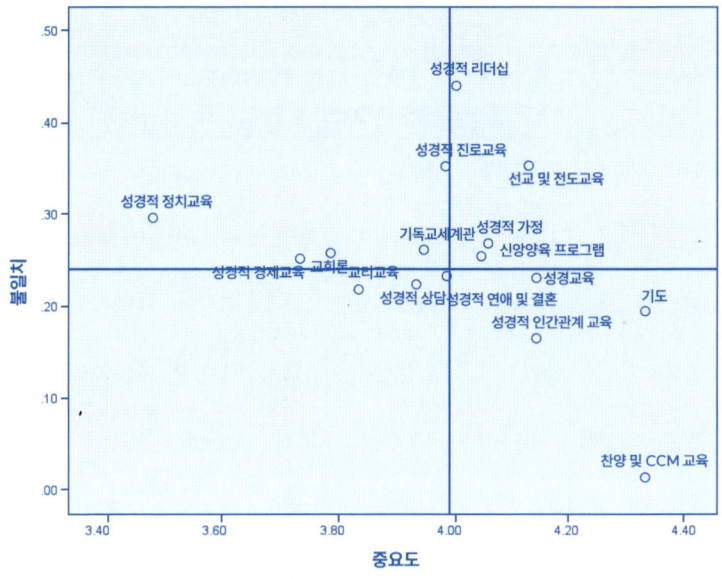

[그림 3] The Locus for Focus모델을 활용한 우선순위(여자)

(4) 중학생 청소년의 교회교육 주제 요구도

중학생 청소년들의 교회교육에 대한 주제 선호 및 요구도를 분석하기 위하여 대응표본 t 검정을 실시하였다. 현재 선호 수준에서 찬양 및 CCM 교육의 평균이 가장 높았고, 미래 중요도 수준에서는 기도의 평균이 가장 높았다. 해당 사항은 전체적인 청소년들에 있어 유사하게 나타나고 있는 부분이다. 다음으로 Borich의 요구도 값을 산출한 결과 가장 높은 요구도 값은 성경적 리더십이었으며, 선교 및 전도, 성경적 정치 교육, 성경 교육, 신앙양육 프로그램 등의 순으로 나타났다. 중학생 청소년들의 교회교육 요구도 분석 결과는 〈표 23〉과 같다.

<표 23> 청소년들의 교회교육 요구도(중학생)

구분	현재선호도		미래중요도		차이		요구도	순위
	평균	순위	평균	순위	평균	t값		
성경적 리더십	3.507	15	3.933	8	0.426	-8.956**	1.675458	1
기독교 세계관 (성경적 세계관)	3.695	8	3.906	9	0.211	-4.633**	0.824166	15
성경적 진로 교육	3.598	11	3.862	12	0.264	-5.822**	1.019568	7
성경 교육	3.85	4	4.117	3	0.267	-6.172**	1.099239	4
신앙양육 프로그램	3.754	5	4.021	6	0.267	-6.446**	1.073607	5
선교 및 전도 교육	3.751	6	4.076	5	0.325	-7.054**	1.3247	2
성경적 경제 교육	3.534	14	3.795	15	0.261	-5.411**	0.990495	11
성경적 인간관계 교육	3.915	3	4.117	4	0.202	-4.613**	0.831634	14
성경적 연애 및 결혼	3.589	12	3.85	13	0.261	-5.788**	1.00485	9
기도	4.021	2	4.252	1	0.231	-5.568**	0.982212	12
찬양 및 CCM 교육	4.117	1	4.214	2	0.097	-2.404*	0.408758	16
교회론	3.569	13	3.833	14	0.264	-5.750**	1.011912	8
성경적 가정	3.745	7	3.968	7	0.223	-5.127**	0.884864	13
교리 교육	3.628	9	3.886	10	0.258	-5.934**	1.002588	10
성경적 정치 교육	3.267	16	3.622	16	0.355	-7.864**	1.28581	3
성경적 상담	3.619	10	3.883	11	0.264	-5.923**	1.025112	6

* p<.05, ** p<.001

다음으로 The Locus for Focus 모델을 활용하여 여자 청소년들의 교회교육 요구 우선순위를 분석한 결과는 [그림 4]와 〈표 24〉와 같다. 미래 중요 수준 평균은 3.95이며, 불일치 수준(미래 중요 수준-현재 선호 수준)의 평균은 0.26로 나타났다. 분석 결과, 제1사분면에 포함되는 영역은 선교 및 전도 교육, 성경 교육, 신앙양육 프로그램이었으며, 제2사분면은 성경적 리더십, 성경적 정치 교육, 성경적 연애 및 결혼, 성경적 경제 교육, 교회론, 성경적 진로 교육, 성경적 상담, 교리 교육, 제3사분면은 기독교세계관, 제4사분면은 성경적 가정, 성경적 인간관계 교육, 기도, 찬양 및 CCM교육으로 나타났다.

<표 24> The Locus for Focus 모델을 활용한 우선순위(중학생)

분면	주제 요구 우선순위
1사분면 (고고)	선교 및 전도 교육, 성경 교육, 신앙양육 프로그램
2사분면 (저고)	성경적 리더십, 성경적 정치 교육, 성경적 연애 및 결혼, 성경적 경제 교육, 교회론, 성경적 진로 교육, 성경적 상담, 교리 교육
3사분면 (저저)	기독교세계관
4사분면 (고저)	성경적 가정, 성경적 인간관계 교육, 기도, 찬양 및 CCM교육

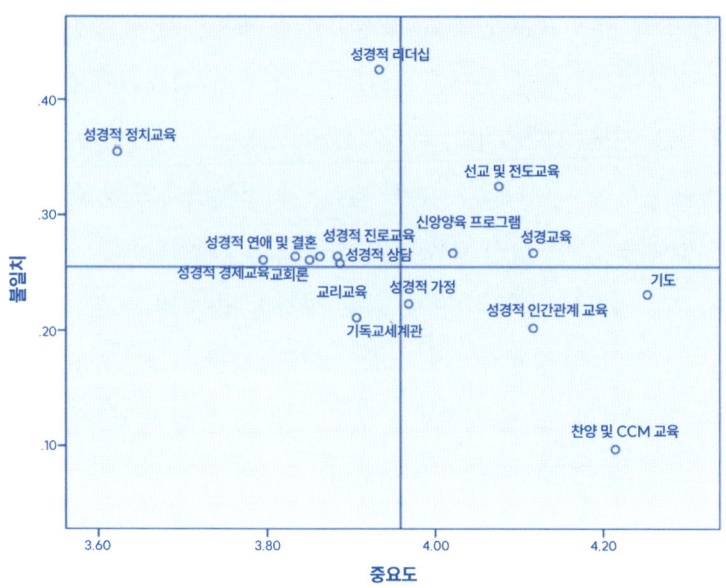

[그림 4] The Locus for Focus모델을 활용한 우선순위(중학생)

(5) 고등학생 청소년의 교회교육 주제 요구도

고등학생 청소년들의 교회교육에 대한 주제 선호 및 요구도를 분석하기 위하여 대응표본 t 검정을 실시하였다. 현재 선호 수준에서 찬양 및 CCM 교육의 평균이 가장 높았고, 미래 중요도 수준에서는 기도의 평균이 가장 높았다. 해당 사항은 중학생 청소년들과도 있어 유사하게 나타나고 있는 부분이다. 다음으로 Borich의 요구도 값을 산출한 결과 가장 높은 요구도 값은 성경적 리더십이었으며, 성경적 진로 교육, 신앙양육 프로그램, 교회론 등의 순으로 나타나고 있다. 고등학생 청소년들의 교회교육 요구도 분석 결과는 〈표 25〉과 같다.

<표 25> 청소년들의 교회교육 요구도(고등학생)

구분	현재선호도		미래중요도		차이		요구도	순위
	평균	순위	평균	순위	평균	t값		
성경적 리더십	3.749	13	4.184	5	0.435	-8.545**	1.82004	1
기독교 세계관 (성경적 세계관)	3.846	10	4.056	12	0.21	-4.361**	0.85176	8
성경적 진로 교육	3.843	11	4.139	10	0.296	-6.490**	1.225144	3
성경 교육	4.011	4	4.184	6	0.173	-3.936**	0.723832	11
신앙양육 프로그램	3.914	8	4.176	7	0.262	-5.789**	1.094112	4
선교 및 전도 교육	3.854	9	4.191	4	0.337	-7.022**	1.412367	2
성경적 경제 교육	3.618	14	3.85	15	0.232	-4.697**	0.8932	6
성경적 인간관계 교육	4.064	3	4.202	3	0.138	-3.431*	0.579876	13
성경적 연애 및 결혼	3.985	5	4.165	9	0.18	-4.149**	0.7497	10
기도	4.303	2	4.393	1	0.09	-2.307*	0.39537	15
찬양 및 CCM 교육	4.397	1	4.382	2	-0.015	.368	-0.06573	16
교회론	3.607	15	3.88	14	0.273	-5.571**	1.05924	5
성경적 가정	3.966	6	4.176	8	0.21	-4.500**	0.87696	7
교리 교육	3.764	12	3.925	13	0.161	-3.763**	0.631925	12
성경적 정치 교육	3.296	16	3.532	16	0.236	-3.960**	0.833552	9
성경적 상담	3.959	7	4.086	11	0.127	-3.183**	0.518922	14

** p<.001

다음으로 The Locus for Focus 모델을 활용하여 여자 청소년들의 교회교육 요구 우선순위를 분석한 결과는 [그림 5]와 〈표 26〉과 같다. 미래 중요 수준 평균은 3.99이며, 불일치 수준(미래 중요 수준-현재 선호 수준)의 평균은 0.19로 나타났다. 분석 결과, 제1사분면에 포함되는 영역은 성경적 리더십, 선교 및 전도 교육, 성경적 진로 교육, 신앙양육 프로그램, 성경적 가정이었으며, 제2사분면은 기독교세계관, 교회론, 성경적 경제 교육, 성경적 정치 교육, 제3사분면은 교리 교육, 성경적 상담, 제4사분면은 성경적 연애 및 결혼, 성경 교육, 성경적 인간관계 교육, 기도, 찬양 및 CCM교육으로 나타났다.

<표 26> The Locus for Focus 모델을 활용한 우선순위(고등학생)

분면	주제 요구 우선순위
1사분면 (고고)	성경적 리더십, 선교 및 전도 교육, 성경적 진로 교육, 신앙양육 프로그램, 성경적 가정
2사분면 (저고)	기독교세계관, 교회론, 성경적 경제 교육, 성경적 정치 교육
3사분면 (저저)	교리 교육, 성경적 상담
4사분면 (고저)	성경적 연애 및 결혼, 성경 교육, 성경적 인간관계 교육, 기도, 찬양 및 CCM교육

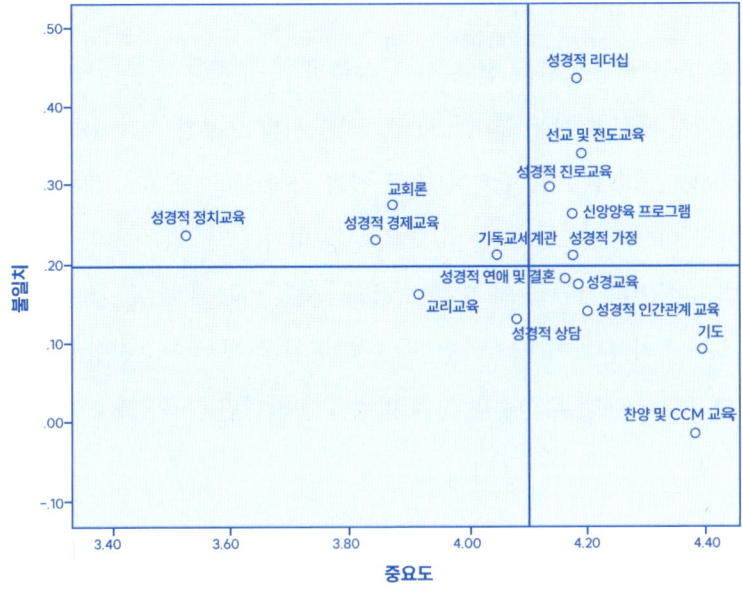

[그림 5] The Locus for Focus모델을 활용한 우선순위(고등학생)

타. 코로나 블루 청소년의 신앙생활 요구도[6]

코로나 블루 청소년의 신앙생활에 대한 요구도를 분석하기 위해서 대응표본 t 검정을 실시하였다. 현재 선호 수준과 미래 중요 수준에서 모두 (오프라인 대면)예배 참여하기의 평균이 가장 높았으며, 대응표본 t 검정 결과, 11개 분야에서 모두 $p<.001$ 수준에서 통계적으로 유의미

---

[6] 본 절의 내용은 이현철(2021)의 "그들은 무엇을 요구하고 있는가: 한국 교회 내 코로나 블루 청소년의 요구 분석"(고신신학 23호, 205-222)의 일부임을 밝혀둠.

한 차이를 보였다.

본 연구에서 요구는 현재 선호 수준과 미래 중요 수준 간의 차이로 정의되기 때문에 모든 분야에서 격차로서의 요구가 존재하였다. 다음으로 Borich의 요구도 값을 산출한 결과 가장 높은 요구도 값은 전도활동하기(3.15)였으며 그 다음 순으로 성경 읽기(2.78), 기독서적 읽기(2.49) 등의 순이었다. Borich의 요구도 값과 t값을 비교해 보면 t값의 순위와 요구도 순위가 거의 일치하였다. 코로나 블루 청소년의 신앙생활에 대한 요구도에 대한 우선순위 분석 방법을 정리하면 다음 〈표 27〉와 같다.

<표 27> 코로나 블루 청소년의 신앙생활에 대한 요구도 분석

구분	현재선호도		미래중요도		차이		요구도	순위
	평균	순위	평균	순위	평균	t값		
(오프라인 대면) 예배 참여하기	3.81	1	4.01	1	-.207	-3.391***	.80	11
(온라인 비대면) 예배 참여하기	3.05	3	3.50	5	-.453	-7.172***	1.58	8
(온라인 비대면) 신앙양육 프로그램	2.84	6	3.31	9	-.467	-7.464***	1.56	9
(온라인 비대면) 신앙공동체 활동	2.81	8	3.30	10	-.487	-7.488***	1.62	7
(온라인 비대면) 신앙 상담활동	2.84	6	3.29	11	-.453	-6.855***	1.48	10
기도하기	3.22	2	3.77	2	-.550	-8.492***	2.07	5
성경 읽기	2.96	4	3.71	3	-.747	-10.628***	2.78	2
성경공부 참여하기	2.87	5	3.52	4	-.657	-10.094***	2.29	4
기독서적 읽기	2.57	10	3.32	8	-.750	-10.730***	2.49	3

교회 외 종교모임 참여하기	2.76	9	3.35	6	-.590	-8.325***	1.98	6
전도활동하기	2.41	11	3.35	6	-.943	-12.135***	3.15	1

***p<.001

한편, 코로나 블루 청소년 신앙생활을 The Locus for Focus Model을 활용하여 우선순위를 분석한 결과는 [그림 6]과 〈표 28〉과 같다. 청소년들이 인식하고 있는 신앙생활의 미래 중요 수준 평균은 3.49이며, 불일치 수준(미래 중요 수준-현재 선호 수준)의 평균은 0.57로 나타났다. 미래 중요 수준의 평균을 x축으로, 불일치 수준의 평균을 y축으로 하여 사사분면으로 나타냈을 때, 제1사분면의 영역에 속하는 신앙생활들은 청소년들이 중요하게 생각하고 미래 중요 수준과 현재 선호 수준 간의 불일치 수준이 높은 것들로 최우선적으로 요구되는 신앙생활들이다.

분석 결과에 따르면 제1사분면에 포함되는 신앙생활은 성경 읽기와 성경공부 참여하기였고, 제2사분면에는 전도활동하기, 기독서적 읽기, 교회 외 종교모임 참여하기였으며, 제3사분면에는 (온라인 비대면)신앙상담활동, (온라인 비대면)신앙공동체활동, (온라인 비대면)신앙양육 프로그램이었고, 제4사분면에 포함되는 (온라인 비대면)예배 참여하기, (오프라인 대면)예배 참여하기, 기도하기였다.

<표 28> The Locus for Focus Model을 활용한 코로나 블루 청소년 신앙생활 우선순위

분면	신앙생활 우선순위
1사분면 (HH)	성경 읽기, 성경공부 참여하기
2사분면 (LH)	전도활동하기, 기독서적 읽기, 교회 외 종교모임 참여하기
3사분면 (LL)	(온라인 비대면)신앙상담활동, (온라인 비대면)신앙공동체활동, (온라인 비대면)신앙양육프로그램
4사분면 (HL)	(온라인 비대면)예배 참여하기, (오프라인 대면)예배 참여하기, 기도하기

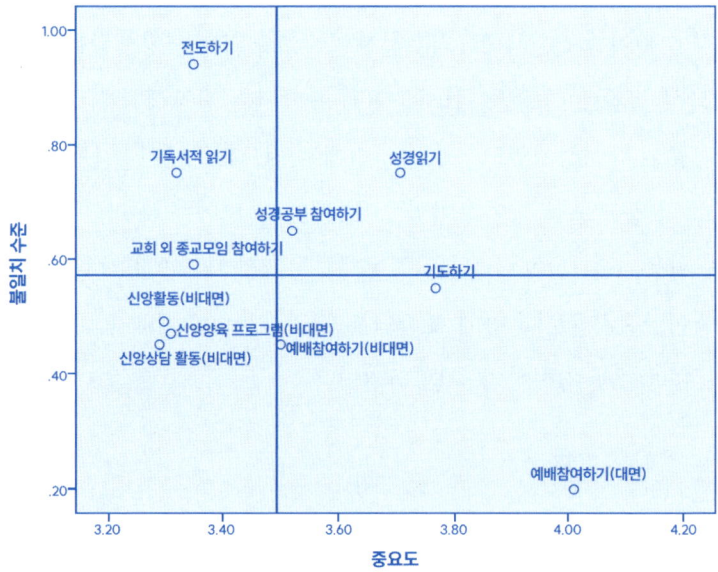

[그림 6] The Locus for Focus Model을 활용한 코로나 블루 청소년 신앙생활 우선순위

The Locus for Focus Model 결과는 제1사분면(HH)에 대한 우선순위 결정은 비교적 용이하나 2순위 분면의 결정은 사실상 어렵다. 이러한 The Locus for Focus Model의 장점과 단점을 고려하여 1순위 분면(HH)에 몇 개의 항목이 포함되었는지 확인한 후 이들 개수만큼 Borich 요구도 순위를 상호 비교하여 최우선순위 항목들과 차순위 항목들을 결정할 수 있다(차순위 포함). 결과적으로 The Locus for Focus Model을 활용한 우선순위 영역에 포함된 항목 개수와 Borich의 요구도 우선순위와 비교한 결과는 〈표 29〉와 같다.

<표 29> 코로나 블루 청소년 신앙생활 우선순위 결정

Borich 요구도 순위	신앙생활	우선순위 도출법	
		Borich 요구도	Locus For Focus
1	전도활동하기	●	
2	성경 읽기	●	●
3	기독서적 읽기	●	
4	성경공부 참여하기	●	●
5	기도하기	●	●
6	교회 외 종교모임 참여하기	●	
7	(온라인 비대면)신앙공동체 활동	●	
8	(온라인 비대면)예배 참여하기	●	●

9	(온라인 비대면)신앙양육 프로그램	●	
10	(온라인 비대면)신앙 상담활동	●	
11	(오프라인 대면)예배 참여하기	●	●

파. 기타 항목

본 절에서는 청소년들의 신앙 교육, 교회학교, SFC, 삶의 만족도 등에 대한 인식을 확인해보았다. 해당 사항의 경우 청소년들이 인식하고 있는 영역별 우선순위와 인식을 보여 주고 있어 사역 전략 구성을 위한 유의미한 기초 자료가 된다.

(1) 신앙 교육 영향력 우선순위

청소년들의 신앙 교육에 대한 영향력 우선순위를 살펴보면 학부모의 영향력이 1순위에서 가장 높게 나타나고 있으며, 1순위와 2순위를 합한 상황 속에서도 학부모의 우선순위가 가장 높게 나타나고 있음을 확인할 수 있다. 이는 청소년들에게 있어 학부모의 신앙 교육 영향력이 가장 높게 인식되고 있음을 시사하는 것이며, 학부모와의 연계 사역에 대한 노력이 필요함을 의미하는 것이다. 이어서 담임목사, 담당교역자의 순으로 나타나고 있었다.

<표 30> 신앙 교육 영향력 우선순위

	1순위(a)	2순위(b)	a+b
담임목사	107(16.9%)	118(18.6%)	225
담당교역자	81(12.8%)	137(21.6%)	218
교사	30(4.7%)	80(12.6%)	110
학부모	277(43.6%)	116(18.3%)	393
학생자신	66(10.4%)	78(12.3%)	144
친구	58(9.1%)	69(10.9%)	127
간사(신앙단체)	11(1.7%)	18(2.8%)	29
교회 성도	5(0.8%)	19(3.0%)	24

(2) 교회학교가 성장하지 않는 이유

청소년들이 인식하는 교회학교 성장하지 않는 이유로는 기독교에 대한 부정적인 인식이 1순위로 가장 높게 나타났으며, 다음으로 학생의 개인적 요인 순이었다. 2순위에서도 유사하였으나 교회학교 프로그램의 흥미없음이 2순위의 15.6%를 차지해 주었다. 전체적으로 기독교에 대한 부정적 인식, 학생의 개인적 요인, 교회학교 프로그램의 흥미없음, 전도하지 않음, 교회의 교회학교(중/고등부)에 대한 관심 부족의 순으로 나타나고 있어 관련 사항에 대한 사역적 집중과 대응이 시급함을 확인할 수 있다.

<표 31> 교회학교가 성장하지 않는 이유 우선순위

	1순위(a)	2순위(b)	a+b
담임목사의 리더십 부족	5(0.8%)	9(1.4%)	14
담임목사의 목회철학 부재	8(1.3%)	3(0.5%)	11
교역자의 전문성 부족	10(1.6%)	5(0.8%)	15
교사의 낮은 헌신도	6(0.9%)	13(2.0%)	19
학생의 개인적 요인	148(23.3%)	127(20.0%)	275
교회학교 프로그램의 흥미없음	64(10.1%)	99(15.6%)	163
기독교에 대한 부정적 인식	187(29.4%)	94(14.8%)	281
출산율의 저하	59(9.3%)	67(10.6%)	126
부모의 관심 부족	22(3.5%)	32(5.0%)	54
전도하지 않음	61(9.6%)	96(15.1%)	157
재정의 부족	10(1.6%)	24(3.8%)	34
교회의 교회학교(중고등부)에 대한 관심 부족	55(8.7%)	66(10.4%)	121

(3) SFC가 성장하지 않는 이유

청소년들이 인식하는 SFC가 성장하지 않는 이유에 대한 우선순위에서는 1순위에서 학생의 개인적 요인(24.9%), 기독교에 대한 부정적 인식, 선교단체 프로그램의 흥미없음(12.3%)의 순이었으며, 2순위에서도 해당 사항들이 우선순위가 높게 인식되었다. 전체적으로 학생의 개인적 요인, 기독교에 대한 부정적 인식, 선교단체 프로그램의 흥미없이 나타났으며, 그 외 교회의 관심부족, 전도하지 않음, 학교와의 연계 부족도 나타나고 있었다.

<표 32> SFC가 성장하지 않는 이유 우선순위

	1순위(a)	2순위(b)	a+b
선교단체의 철학의 부재	10(1.6%)	8(1.3%)	18
재정의 부족	27(4.3%)	22(3.5%)	49
간사의 전문성 부족	6(0.9%)	5(0.8%)	11
간사의 낮은 헌신도	8(1.3%)	9(1.4%)	17
학생의 개인적 요인	158(24.9%)	160(25.2%)	318
선교단체 프로그램의 흥미없음	78(12.3%)	91(14.3%)	169
기독교에 대한 부정적 인식	158(24.9%)	93(14.6%)	251
학교와의 연계 부족	56(8.8%)	74(11.7%)	130
교회의 관심 부족	74(11.7%)	85(13.4%)	159
전도하지 않음	60(9.4%)	88(13.9%)	148

(4) 삶의 영역별 만족도

청소년들의 삶의 영역별 만족도를 학교급별 구분하여 살펴보면 모든 영역에 있어 통계직인 차이는 빌생하고 있지 않아 영역별 집난의 인식이 유사하게 이루어지고 있음을 예상케 한다. 하지만 청소년들의 영역별 만족도의 수준이 2점대(그렇지 않다)와 1점대(전혀 그렇지 않다)의 부정적인 인식 속에서 이루어지고 있어 이에 대한 긍정적 측면의 변화가 시급하게 이루어질 필요가 있다. 즉, 청소년들의 경우 현재 일상의 삶, 교회활동, 신앙생활, 학교생활, SFC 활동에 대한 긍정적이지 않은 인식을 가지고 생활하고 있음을 시사하고 있어 이에 대한 대처가 내실 있게 이루어질 필요가 있다는 것이다.

<표 33> 학교급별 집단별 차이 분석

구분		평균	표준편차	F
나는 일상의 삶에 전반적으로 만족하고 있다	중학교(a)	2.126	1.0841	.441
	고등학교(b)	2.109	1.0723	
	기타(c)	1.926	.7299	
나는 교회활동에 전반적으로 만족하고 있다	중학교(a)	2.047	1.0478	1.287
	고등학교(b)	1.974	1.0238	
	기타(c)	1.741	.9027	
나는 신앙생활에 전반적으로 만족하고 있다	중학교(a)	2.199	1.0771	.403
	고등학교(b)	2.131	1.0768	

	기타(c)	2.074	1.0715	
나는 학교생활에 전반적으로 만족하고 있다	중학교(a)	2.132	1.1492	.209
	고등학교(b)	2.187	1.1962	
	기타(c)	2.222	1.1209	
나는 SFC에 전반적으로 만족하고 있다	중학교(a)	2.079	1.0416	.294
	고등학교(b)	2.026	1.0492	
	기타(c)	2.148	.9885	

2. 대학생 파트

가. 대학생 이해하기[7]

해당 연구에서는 전국 16개 시도에 거주하고 있는 교회의 담임목사, 부교역자, 교사, 대학생 1,126명을 대상으로 실태 조사를 실시하였으며, 이중 학생신앙운동SFC에서는 다음 세대 사역 교사와 대학생을 중심으로 자료를 추출하여 분석하였다. 설문 조사 시기는 2022년 11월 22일부터 12월 6일까지 실시하였으며, 설문 조사 방법은 네이버 폼을 이용한 웹설문지 형식으로 실시하였다.

---

[7] 해당 조사 결과는 이현철 외(2023)의 『위드코로나시대 다음 세대 신앙리포트2』(SFC)의 내용 중 분석 결과의 일부임을 밝혀 둔다.

대학생의 개인적 배경은 다음 〈표 34〉와 같다. 개인적 배경을 구체적으로 살펴보면, 성별은 남자가 49.2%, 여자가 50.8%로 나타났다. 연령은 24세 이상이 32.0%로 가장 많았고, 다음으로 20세(20.5%), 21세(19.7%) 등의 순으로 나타났다. 대학 소속 지역은 경남이 31.1%로 가장 많았고, 다음으로 부산(19.7%), 대구(13.1%) 등의 순으로 나타났다. 신앙연수는 모태신앙이 77.0%로 가장 많았고, 다음으로 10년 이상(10.7%), 5-10년(6.6%) 등의 순으로 나타났다. 교회 소속 지역은 경남이 32.0%로 가장 많았고, 다음으로 부산(18.0%), 경북(9.8%) 등의 순으로 나타났다. 지역 규모는 광역시가 45.9%로 가장 많았고, 다음으로 90-20만 중규모 도시(24.6%), 15만-5만 소규모도시(16.4%) 등의 순으로 나타났다. 교회 규모는 150-300명이 26.2%로 가장 많았고, 다음으로 50-150명(26.2%), 300-600명(17.2%) 등의 순으로 나타났다.

〈표 34〉 연구참여: 대학생(N=122)

구분		명	%
성별	남자	60	49.2
	여자	62	50.8
연령	20세	25	20.5
	21세	24	19.7
	22세	18	14.8
	23세	16	13.1

	24세 이상	39	32.0
신앙 연수	초신자	3	2.5
	1-5년	4	3.3
	5-10년	8	6.6
	10년 이상	13	10.7
	모태신앙	94	77.0
지역 규모	광역시	56	45.9
	90-20만 중규모도시	30	24.6
	15만-5만 소규모도시	20	16.4
	읍과 면	14	11.5
	도서지방 및 선교지	2	1.6
교회 규모	50명 이하	17	13.9
	50-150명	29	23.8
	150-300명	32	26.2
	300-600명	21	17.2
	600-1000명	11	9.0
	1000명 이상	12	9.8

나. 영역별 대학생 요구사항

(1) 신체적(육체적) 관리 영역에 대한 요구도

대학생의 신체적(육체적) 관리 영역에 대한 요구도를 분석하기 위해서 대응표본 t 검정을 실시하였다. 현재 선호 수준에서는 금주와 금연을 통한 건강관리의 평균이 가장 높았으며, 미래 중요 수준에서는 일정한 시간에 잠들고, 일정한 시간에 깨어 일어남을 통한 수면 관리의 평균이 가장 높았다. 대응표본 t 검정 결과, 10개 분야 중 9개 분야에서 통계적으로 유의미한 차이를 보였다. 본 연구에서 요구는 현재 선호 수준과 미래 중요 수준 간의 차이로 정의되기 때문에 9개 분야 분야에서 갭 gap으로서의 요구가 존재하였다. 다음으로 Borich의 요구도 값을 산출한 결과 가장 높은 요구도 값은 스마트폰이나 컴퓨터, TV 등 전자기기 절제였으며, 그 다음 순으로 정기적으로 의사 등 전문가를 만나 지병 관리, 유산소운동을 일주일에 3회 이상 신체 관리, 식사 시 영양소를 고려한 음식 관리 등의 순이었다. 대학생의 신체적(육체적) 관리 영역에 대한 요구도 분석 결과는 〈표 35〉와 같다.

<표 35> 대학생의 신체적(육체적) 관리 영역에 대한 요구도 분석

구분	현재선호도		미래중요도		차이		요구도	순위
	평균	순위	평균	순위	평균	t값		
1. 일상생활에서 틈틈이 맨손체조나 스트레칭을 통한 건강 관리	3.54	6	4.28	9	.74	8.561***	3.16	7

2. 일정한 시간에 잠들고, 일정한 시간에 깨어 일어남을 통한 수면 관리	3.80	3	4.59	1	.80	9.133***	3.65	5
3. 정기적으로 의사 등 전문가를 만나 지병 관리	2.93	9	4.10	10	1.17	11.652***	4.80	2
4. 식사 시 적당량을 통한 음식 관리	3.66	4	4.34	7	.69	7.899***	2.99	8
5. 식사 시 영양소를 고려한 음식 관리	3.50	7	4.37	4	.87	9.561***	3.80	4
6. 늦은 밤 자기 전에 야식 절제	3.58	5	4.36	5	.78	7.856***	3.40	6
7. 스마트폰이나 컴퓨터, TV 등 전자기기 절제	2.89	10	4.09	11	1.20	10.982***	4.89	1
8. 유산소운동을 일주일에 3회 이상 신체 관리	3.30	8	4.34	8	1.04	10.166***	4.51	3
9. 몸이 아프거나 이상이 생길 것 같은 느낌이 있을 때 적절한 조치	3.83	2	4.45	3	.62	7.699***	2.77	9
10. 금주와 금연을 통한 건강관리	4.65	1	4.58	2	-.07	-.852	-0.30	10

***p<.001

다음으로 대학생의 신체적(육체적) 관리 영역을 The Locus for Focus 모델을 활용하여 우선순위를 분석한 결과는 [그림 7]와 〈표 36〉과 같다. 대학생들이 인식하고 있는 신체적(육체적) 관리 영역의 미래 중요 수준 평균은 4.35이며, 불일치 수준(미래 중요 수준-현재 선호 수준)의 평균은 0.78로 나타났다. 미래 중요 수준의 평균을 x축으로, 불일치 수준의 평균을 y축으로 하여 사사분면으로 나타냈을 때, 제1사분면의 영역에 속하는 신체적(육체적) 관리 영역들은 대학생들이 중요하게 생각하고 미래 중요 수준과 현재 선호 수준 간이 불일치 수준이 높은 것들로 최우선적으로 요구되는 신체적(육체적) 관리 영역들이다.

분석 결과, 제1사분면에 포함되는 신체적(육체적) 관리 영역은 일정한 시간에 잠들고, 일정한 시간에 깨어 일어남을 통한 수면 관리, 식사 시 영양소를 고려한 음식 관리였고, 제2사분면에는 정기적으로 의사 등 전문가를 만나 지병 관리, 스마트폰이나 컴퓨터, TV 등 전자기기 절제, 유산소운동을 일주일에 3회 이상 신체 관리였으며, 제3사분면에는 일상생활에서 틈틈이 맨손체조나 스트레칭을 통한 건강관리, 식사 시 적당량을 통한 음식 관리였고, 제4사분면에는 늦은 밤 자기 전에 야식 절제, 몸이 아프거나 이상이 생길 것 같은 느낌이 있을 때 적절한 조치, 금주와 금연을 통한 건강관리였다.

<표 36> The Locus for Focus 모델을 활용한 대학생의 신체적(육체적) 관리 영역 우선순위

분면	신체적(육체적) 관리 영역 우선순위
1사분면 (고고)	일정한 시간에 잠들고, 일정한 시간에 깨어 일어남을 통한 수면 관리, 식사 시 영양소를 고려한 음식 관리
2사분면 (저고)	정기적으로 의사 등 전문가를 만나 지병 관리, 스마트폰이나 컴퓨터, TV 등 전자기기 절제, 유산소운동을 일주일에 3회 이상 신체 관리
3사분면 (저저)	일상생활에서 틈틈이 맨손체조나 스트레칭을 통한 건강관리, 식사 시 적당량을 통한 음식 관리

| 4사분면 (고저) | 늦은 밤 자기 전에 야식 절제, 몸이 아프거나 이상이 생길 것 같은 느낌이 있을 때 적절한 조치, 금주와 금연을 통한 건강관리 |

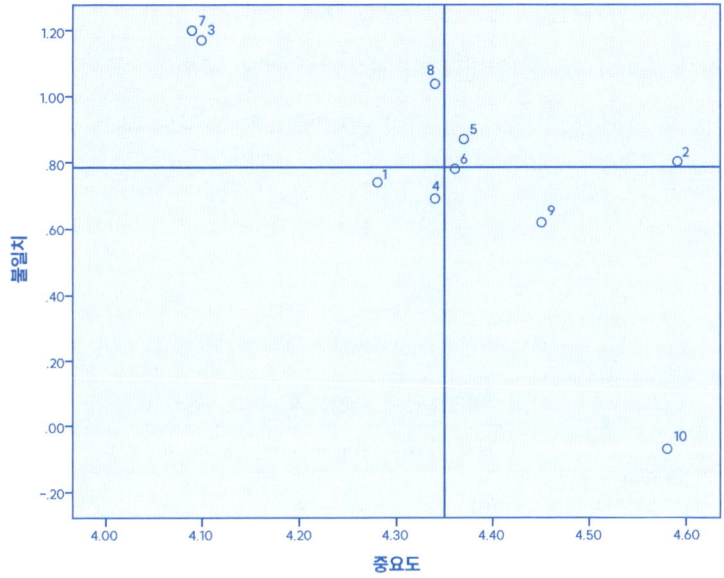

[그림 7] The Locus for Focus모델을 활용한 대학생의 신체적(육체적) 관리 영역 우선순위

(2) 지성 및 교양 관리 영역에 대한 요구도

대학생의 지성 및 교양 관리 영역에 대한 요구도를 분석하기 위해서 대응표본 t 검정을 실시하였다. 현재 선호 수준에서는 멘토를 통한 학습 활동의 평균이 가장 높았으며, 미래 중요 수준에서는 규칙적인 독서 활동의 평균이 가장 높았다. 대응표본 t 검정 결과, 9개 분야 모두에

서 통계적으로 유의미한 차이를 보였다. 본 연구에서 요구는 현재 선호 수준과 미래 중요 수준 간의 차이로 정의되기 때문에 모든 분야에서 갭gap으로서의 요구가 존재하였다. 다음으로 Borich의 요구도 값을 산출한 결과 가장 높은 요구도 값은 규칙적인 독서 활동이었으며, 그 다음 순으로 정기적인 뉴스 검색 활동, 사역 전문성 강화를 위한 학위 과정(석사 및 박사) 등록, 일반 사회 교육기관(평생교육원 등) 참여 활동 등의 순이었다. 대학생의 지성 및 교양 관리에 대한 요구도 분석 결과는 〈표 37〉과 같다.

<표 37> 대학생의 지성 및 교양 관리에 대한 요구도 분석

구분	현재선호도		미래중요도		차이		요구도	순위
	평균	순위	평균	순위	평균	t값		
1. 사역 전문성 강화를 위한 학위 과정(석사 및 박사) 등록	3.09	8	3.64	8	.55	6.415***	2.00	3
2. 동료들과의 정례적인 사역 관련 스터디 활동	3.59	2	4.00	3	.41	5.515***	1.64	5
3. 기관 및 단체의 교육세미나 참여 활동	3.54	3	3.83	6	.29	3.923***	1.10	8
4. 규칙적인 독서 활동	3.51	4	4.25	1	.74	7.754***	3.13	1
5. 정기적인 뉴스 검색 활동	3.48	5	4.06	2	.57	5.938***	2.33	2
6. 온라인(동영상) 교육 참여 활동	3.16	7	3.57	9	.41	5.205***	1.46	6
7. 일반 사회 교육기관(평생교육원 등) 참여 활동	2.97	9	3.49	10	.52	6.011***	1.83	4
8. 자기 계발을 위한 해외 연수 활동	3.48	5	3.72	7	.24	2.946**	0.88	9

9. 멘토를 통한 학습 활동	3.64	1	3.95	4	.31	4.584***	1.23	7

**p<.01, ***p<.001

다음으로 대학생의 지성 및 교양 관리 영역을 The Locus for Focus 모델을 활용하여 우선순위를 분석한 결과는 [그림 8]과 〈표 38〉과 같다. 대학생들이 인식하고 있는 지성 및 교양 관리 영역의 미래 중요 수준 평균은 3.83이며, 불일치 수준(미래 중요 수준-현재 선호 수준)의 평균은 0.45로 나타났다. 미래 중요 수준의 평균을 x축으로, 불일치 수준의 평균을 y축으로 하여 사사분면으로 나타냈을 때, 제1사분면의 영역에 속하는 지성 및 교양 관리 영역들은 대학생들이 중요하게 생각하고 미래 중요 수준과 현재 선호 수준 간의 불일치 수준이 높은 것들로 최우선적으로 요구되는 지성 및 교양 관리 영역들이다.

분석 결과, 제1사분면에 포함되는 지성 및 교양 관리 영역은 규칙적인 독서 활동, 정기적인 뉴스 검색 활동이었고, 제2사분면에는 사역 전문성 강화를 위한 학위 과정(석사 및 박사) 등록, 일반 사회 교육기관(평생교육원 등) 참여 활동이었으며, 제3사분면에는 기관 및 단체의 교육세미나 참여 활동, 온라인(동영상) 교육 참여 활동, 자기 계발을 위한 해외 연수 활동이었고, 제4사분면에는 동료들과의 정례적인 사역 관련 스터디 활동, 멘토를 통한 학습 활동이었다.

<표 38> The Locus for Focus 모델을 활용한 대학생 지성 및 교양 관리 영역 우선순위

분면	지성 및 교양 관리 영역 우선순위
1사분면 (고고)	규칙적인 독서 활동, 정기적인 뉴스 검색 활동
2사분면 (저고)	사역 전문성 강화를 위한 학위 과정(석사 및 박사) 등록, 일반 사회 교육기관 (평생교육원 등) 참여 활동
3사분면 (저저)	기관 및 단체의 교육세미나 참여 활동, 온라인(동영상) 교육 참여 활동, 자기 계발을 위한 해외 연수 활동
4사분면 (고저)	동료들과의 정례적인 사역 관련 스터디 활동, 멘토를 통한 학습 활동

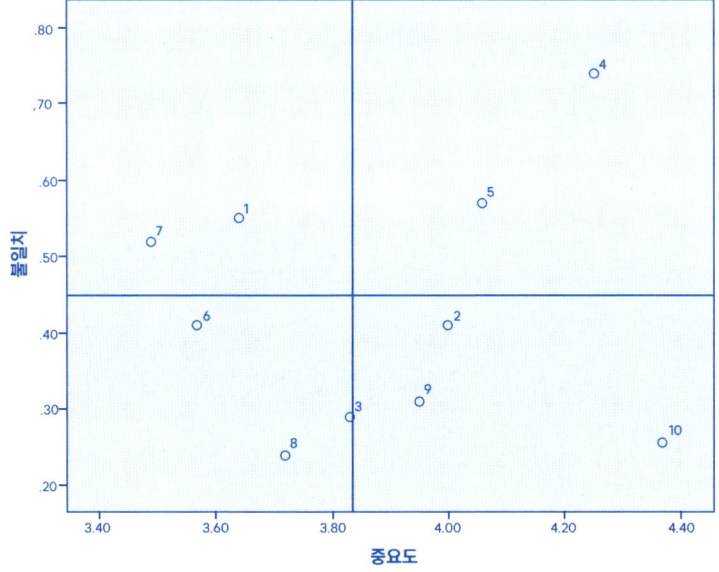

[그림 8] The Locus for Focus모델을 활용한 대학생 지성 및 교양 관리 영역 우선순위

(3) 정서 관리 영역에 대한 요구도

대학생의 정서 관리 영역에 대한 요구도를 분석하기 위해서 대응표본 t 검정을 실시하였다. 현재 선호 수준에서는 일상생활 중 자신감 회복의 평균이 가장 높았으며, 미래 중요 수준에서는 자신에 대한 긍정적인 인식의 평균이 가장 높았다. 대응표본 t 검정 결과, 9개 분야 중 4개 분야에서 통계적으로 유의미한 차이를 보였다. 본 연구에서 요구는 현재 선호 수준과 미래 중요 수준 간의 차이로 정의되기 때문에 4개 분야에서 갭gap으로서의 요구가 존재하였다. 다음으로 Borich의 요구도 값을 산출한 결과 가장 높은 요구도 값은 개인의 문제 해결력 관리였으며, 그 다음 순으로 낮은 자존감에 따른 자기 비하, 개인의 분노 조절 및 관리, 자신에 대한 긍정적인 인식 등의 순이었다. 대학생의 정서 관리 영역에 대한 요구도에 대한 요구도 분석 결과는 〈표 39〉과 같다.

<표 39> 대학생의 정서 관리 영역에 대한 요구도 분석

구분	현재선호도		미래중요도		차이		요구도	순위
	평균	순위	평균	순위	평균	t값		
1. 개인의 분노 조절 및 관리	4.30	6	4.44	6	.15	2.012*	0.66	3
2. 일상생활 중 자신감 회복	4.45	1	4.54	2	.09	1.438	0.41	8
3. 개인의 불안 및 초조에 대한 조절 및 관리	4.40	4	4.50	4	.10	1.614	0.44	7
4. 사역 내 집중력 관리	4.32	5	4.43	7	.11	1.649	0.47	5
5. 개인의 문제 해결력 관리	4.30	6	4.53	3	.24	4.451***	1.08	1

6. 평정심 유지	4.41	3	4.48	5	.07	1.263	0.33	9
7. 외로움 극복	4.16	8	4.27	9	.11	1.451	0.46	6
8. 낮은 자존감에 따른 자기 비하	3.80	9	4.04	10	.25	3.287**	0.99	2
9. 자신에 대한 긍정적인 인식	4.42	2	4.56	1	.14	2.291*	0.64	4

*p<.05, **p<.01, ***p<.001

다음으로 대학생의 정서 관리 영역을 The Locus for Focus 모델을 활용하여 우선순위를 분석한 결과는 [그림 9]와 〈표 40〉과 같다. 대학생들이 인식하고 있는 정서 관리 영역의 미래 중요 수준 평균은 4.42며, 불일치 수준(미래 중요 수준-현재 선호 수준)의 평균은 0.14로 나타났다. 미래 중요 수준의 평균을 x축으로, 불일치 수준의 평균을 y축으로 하여 사사분면으로 나타냈을 때, 제1사분면의 영역에 속하는 정서 관리 영역들은 대학생들이 중요하게 생각하고 미래 중요 수준과 현재 선호 수준 간의 불일치 수준이 높은 것들로 최우선적으로 요구되는 정서 관리 영역들이다.

분석 결과, 제1사분면에 포함되는 정서 관리 영역은 개인의 분노 조절 및 관리, 개인의 문제 해결력 관리, 자신에 대한 긍정적인 인식이었고, 제2사분면에는 낮은 자존감에 따른 자기 비하였으며, 제3사분면에는 외로움 극복이었고, 제4사분면에는 일상생활 중 자신감 회복, 개인의 불안 및 초조에 대한 조절 및 관리, 사역 내 집중력 관리, 평정심 유지였다.

<표 40> The Locus for Focus 모델을 활용한 대학생 정서 관리 영역 우선순위

분면	정서 관리 영역 우선순위
1사분면 (고고)	개인의 분노 조절 및 관리, 개인의 문제 해결력 관리, 자신에 대한 긍정적인 인식
2사분면 (저고)	낮은 자존감에 따른 자기 비하
3사분면 (저저)	외로움 극복
4사분면 (고저)	일상생활 중 자신감 회복, 개인의 불안 및 초조에 대한 조절 및 관리, 사역 내 집중력 관리, 평정심 유지

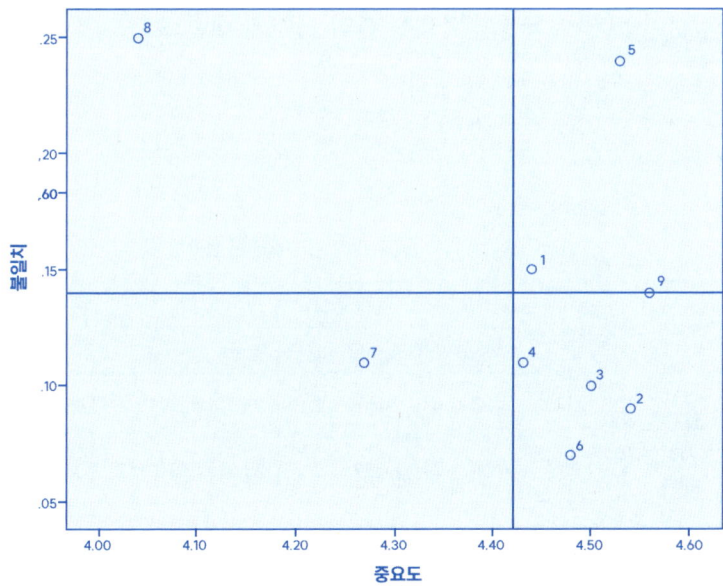

[그림 9] The Locus for Focus모델을 활용한 대학생 정서 관리 영역 우선순위

(4) 사회성 관리 영역에 대한 요구도

대학생의 사회성 관리 영역에 대한 요구도를 분석하기 위해서 대응표본 t 검정을 실시히였다. 현재 선호 수준에서는 공동체를 통한 안정감의 평균이 가장 높았으며, 미래 중요 수준에서는 사회활동을 통해 사람들과의 교제의 평균이 가장 높았다. 대응표본 t 검정 결과, 9개 분야 중 7개 분야에서 통계적으로 유의미한 차이를 보였다. 본 연구에서 요구는 현재 선호 수준과 미래 중요 수준 간의 차이로 정의되기 때문에 7개 분야에서 갭gap으로서의 요구가 존재하였다. 다음으로 Borich의 요구도 값을 산출한 결과 가장 높은 요구도 값은 적극적으로 사회적 모임 참여였으며, 그 다음 순으로 사회활동을 통해 사람들과의 교제, 혼자 집에 있는 것보다 사회활동이 주는 즐거움, 사회활동이 주는 삶의 활력 등의 순이었다. 대학생의 사회성 관리 영역에 대한 요구도에 대한 요구도 분석 결과는 〈표 41〉와 같다.

<표 41> 대학생의 사회성 관리 영역에 대한 요구도 분석

구분	현재선호도		미래중요도		차이		요구도	순위
	평균	순위	평균	순위	평균	t값		
1. 사회활동을 통해 사람들과의 교제	4.08	4	4.41	1	.33	4.179***	1.45	2
2. 사회활동이 주는 삶의 활력	4.04	7	4.29	7	.25	3.970***	1.05	4
3. 혼자 집에 있는 것보다 사회활동이 주는 즐거움	3.72	9	4.07	10	.34	4.033***	1.40	3
4. 공동체소속감	4.26	2	4.35	4	.09	1.491	0.39	9

5. 공동체를 통한 안정감	4.27	1	4.39	2	.12	1.880	0.54	8
6. 개인의 삶을 통한 사회 기여	4.06	6	4.27	8	.21	2.722**	0.91	6
7. 공동체 내 개인적 가치와 의미	4.07	5	4.30	5	.24	3.149**	1.02	5
8. 적극적으로 사회적 모임 참여	3.84	8	4.20	9	.36	4.176***	1.52	1
9. 사회적 모임 참여에 따른 감사한 마음	4.25	3	4.39	2	.15	2.093*	0.65	7

*p<.05, **p<.01, ***p<.001

다음으로 대학생의 사회성 관리 영역을 The Locus for Focus 모델을 활용하여 우선순위를 분석한 결과는 [그림 10]과 〈표 42〉과 같다. 대학생들이 인식하고 있는 사회성 관리 영역의 미래 중요 수준 평균은 4.30이며, 불일치 수준(미래 중요 수준-현재 선호 수준)의 평균은 0.23으로 나타났다. 미래 중요 수준의 평균을 x축으로, 불일치 수준의 평균을 y축으로 하여 사사분면으로 나타냈을 때, 제1사분면의 영역에 속하는 사회성 관리 영역들은 대학생들이 중요하게 생각하고 미래 중요 수준과 현재 선호 수준 간의 불일치 수준이 높은 것들로 최우선적으로 요구되는 사회성 관리 영역들이다.

분석 결과, 제1사분면에 포함되는 사회성 관리 영역은 사회활동을 통해 사람들과의 교제, 공동체 내 개인적 가치와 의미였고, 제2사분면에는 사회활동이 주는 삶의 활력, 혼자 집에 있는 것보다 사회활동이 주는 즐거움, 적극적으로 사회적 모임 참여였으며, 제3사분면에는 개인의 삶을 통한 사회 기여였고, 제4사분면에는 공동체 소속감, 공동체를 통한 안정감, 사회적 모임 참여에 따른 감사한 마음이었다.

<표 42> The Locus for Focus 모델을 활용한 대학생 사회성 관리 영역 우선순위

분면	사회성 관리 영역 우선순위
1사분면 (고고)	사회활동을 통해 사람들과의 교제, 공동체 내 개인적 가치와 의미
2사분면 (저고)	사회활동이 주는 삶의 활력, 혼자 집에 있는 것보다 사회활동이 주는 즐거움, 적극적으로 사회적 모임 참여
3사분면 (저저)	개인의 삶을 통한 사회 기여
4사분면 (고저)	공동체 소속감, 공동체를 통한 안정감, 사회적 모임 참여에 따른 감사한 마음

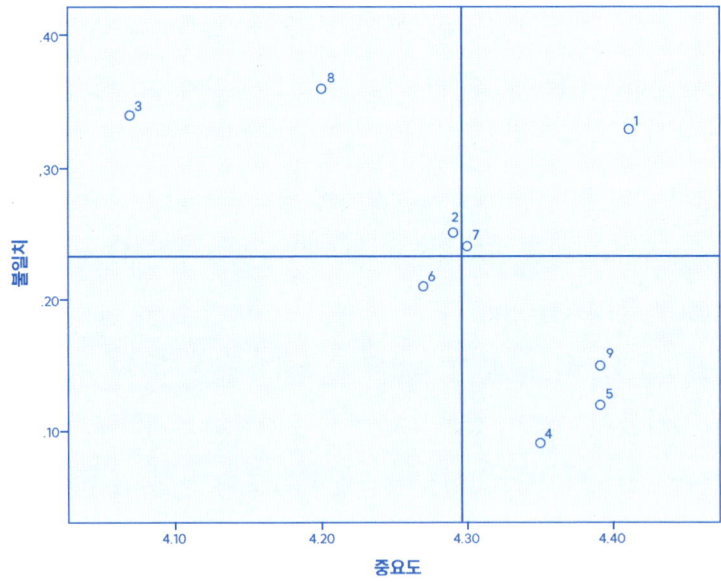

[그림 10] The Locus for Focus 모델을 활용한 대학생 사회성 관리 영역 우선순위

(5) 윤리(도덕)성 관리 영역에 대한 요구도

대학생의 윤리(도덕)성 관리 영역에 대한 요구도를 분석하기 위해서 대응표본 t 검정을 실시하였다. 현재 선호 수준과 미래 중요 수준에서 모두 인격체로서 타인에 대한 존중의 평균이 가장 높았으며, 대응표본 t 검정 결과, 8개 분야 모두에서 통계적으로 유의미한 차이를 보였다. 본 연구에서 요구는 현재 선호 수준과 미래 중요 수준 간의 차이로 정의되기 때문에 모든 분야에서 갭gap으로서의 요구가 존재하였다. 다음으로 Borich의 요구도 값을 산출한 결과 가장 높은 요구도 값은 전문성에 근거한 사역 수행이었으며, 그 다음 순으로 타인의 안위를 위한 정확한 의견 제시, 윤리적으로 최선의 것을 선택하기 위한 토론, 윤리성에 대한 개인적 성찰 등의 순이었다. 대학생의 윤리(도덕)성 관리 영역에 대한 요구도에 대한 요구도 분석 결과는 〈표 43〉과 같다.

<표 43> 대학생의 윤리(도덕)성 관리 영역에 대한 요구도 분석

구분	현재선호도		미래중요도		차이		요구도	순위
	평균	순위	평균	순위	평균	t값		
1. 인격체로서 타인에 대한 존중	4.42	1	4.62	1	.20	3.218**	0.95	5
2. 일상생활 내 타인에 대한 정직	4.34	2	4.52	2	.17	2.627*	0.78	7
3. 타인의 안위를 위한 정확한 의견 제시	4.11	7	4.34	9	.23	3.166**	1.00	4
4. 윤리적으로 최선의 것을 선택하기 위한 토론	4.17	6	4.44	6	.27	3.926***	1.20	2

5. 윤리성에 대한 개인적 성찰	4.21	4	4.48	3	.26	3.665***	1.17	3
6. 타인이 느끼는 감정에 대한 공감	4.31	3	4.47	4	.16	2.442*	0.70	8
7. 고통당하는 타인에 대한 연민	4.19	5	4.39	7	.20	2.978**	0.90	6
8. 전문성에 근거한 사역 수행	4.07	8	4.39	8	.32	5.359***	1.40	1

*p<.05, **p<.01, ***p<.001

다음으로 대학생의 윤리(도덕)성 관리 영역을 The Locus for Focus 모델을 활용하여 우선순위를 분석한 결과는 [그림 11]과 〈표 44〉와 같다. 대학생들이 인식하고 있는 윤리(도덕)성 관리 영역의 미래 중요 수준 평균은 4.31이며, 불일치 수준(미래 중요 수준-현재 선호 수준)의 평균은 0.16으로 나타났다. 미래 중요 수준의 평균을 x축으로, 불일치 수준의 평균을 y축으로 하여 사사분면으로 나타냈을 때, 제1사분면의 영역에 속하는 윤리(도덕)성 관리 영역들은 대학생들이 중요하게 생각하고 미래 중요 수준과 현재 선호 수준 간의 불일치 수준이 높은 것들로 최우선적으로 요구되는 윤리(도덕)성 관리 영역들이다.

분석 결과, 제1사분면에 포함되는 윤리(도덕)성 관리 영역은 윤리성에 대한 개인적 성찰이었고, 제2사분면에는 타인의 안위를 위한 정확한 의견 제시, 윤리적으로 최선의 것을 선택하기 위한 토론, 전문성에 근거한 사역 수행이었으며, 제3사분면에는 고통당하는 타인에 대한 연민이었고, 제4사분면에는 인격체로서 타인에 대한 존중, 일상생활 내 타인에 대한 정직, 타인이 느끼는 감정에 대한 공감이었다.

<표 44> The Locus for Focus 모델을 활용한 대학생 윤리(도덕)성 관리 영역 우선순위

분면	윤리(도덕)성 관리 영역 우선순위
1사분면 (고고)	윤리성에 대한 개인적 성찰
2사분면 (저고)	타인의 안위를 위한 정확한 의견 제시, 윤리적으로 최선의 것을 선택하기 위한 토론, 전문성에 근거한 사역 수행
3사분면 (저저)	고통당하는 타인에 대한 연민
4사분면 (고저)	인격체로서 타인에 대한 존중, 일상생활 내 타인에 대한 정직, 타인이 느끼는 감정에 대한 공감

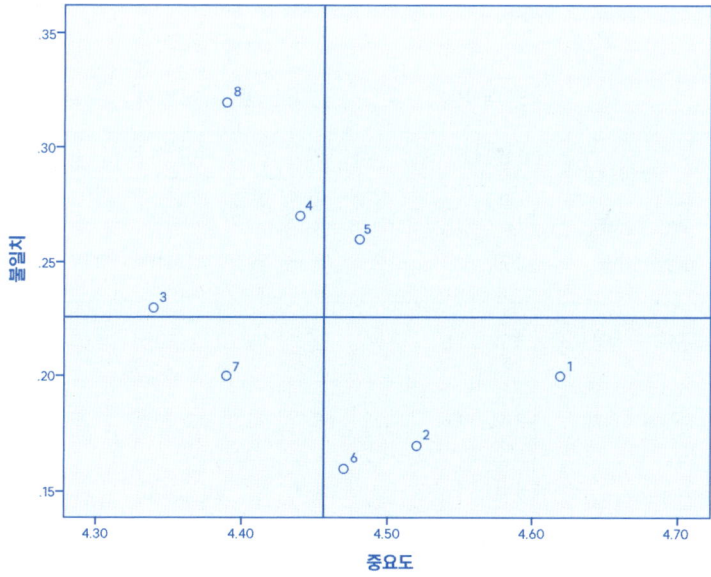

[그림 11] The Locus for Focus모델을 활용한 대학생 윤리(도덕)성 관리 영역 우선순위

(6) 신앙 관리 영역에 대한 요구도

대학생의 신앙 관리 영역에 대한 요구도를 분석하기 위해서 대응표본 t 검정을 실시하였다. 현재 신호 수준과 미래 중요 수준에서 모두 규칙적인 예배의 평균이 가장 높았으며, 대응표본 t 검정 결과, 9개 분야에서 모두 통계적으로 유의미한 차이를 보였다. 본 연구에서 요구는 현재 선호 수준과 미래 중요 수준 간의 차이로 정의되기 때문에 모든 분야에서 갭·gap으로서의 요구가 존재하였다. 다음으로 Borich의 요구도 값을 산출한 결과 가장 높은 요구도 값은 정기적인 전도였으며, 그 다음 순으로 규칙적인 성경 묵상, 정기적인 기도, 정기적인 심방 등의 순이었다. 대학생의 신앙 관리 영역에 대한 요구도에 대한 요구도 분석 결과는 〈표 45〉와 같다.

<표 45> 대학생의 신앙 관리 영역에 대한 요구도 분석

구분	현재선호도		미래중요도		차이		요구도	순위
	평균	순위	평균	순위	평균	t값		
1. 정기적인 기도	3.97	4	4.75	3	.79	9.635***	3.74	3
2. 규칙적인 성경 묵상	3.81	5	4.76	2	.95	10.930***	4.53	2
3. 경건 서적 읽기	3.45	6	4.23	8	.78	8.203***	3.29	5
4. 신앙 주제 대화	4.15	3	4.52	5	.37	5.267***	1.67	7
5. 교회 지체와의 교제	4.30	2	4.64	4	.34	4.576***	1.60	8

6. 신학 공부	3.41	7	4.10	10	.69	7.631***	2.82	6
7. 정기적인 심방	3.33	8	4.16	9	.83	9.531***	3.44	4
8. 규칙적인 예배	4.53	1	4.77	1	.24	4.679***	1.13	9
9. 정기적인 전도	3.16	9	4.34	7	1.18	12.296***	5.12	1

***p<.001

다음으로 대학생의 신앙 관리 영역을 The Locus for Focus 모델을 활용하여 우선순위를 분석한 결과는 [그림 12]와 〈표 46〉과 같다. 대학생들이 인식하고 있는 신앙 관리 영역의 미래 중요 수준 평균은 4.47이며, 불일치 수준(미래 중요 수준-현재 선호 수준)의 평균은 0.68로 나타났다. 미래 중요 수준의 평균을 x축으로, 불일치 수준의 평균을 y축으로 하여 사사분면으로 나타냈을 때, 제1사분면의 영역에 속하는 신앙 관리 영역들은 대학생들이 중요하게 생각하고 미래 중요 수준과 현재 선호 수준 간의 불일치 수준이 높은 것들로 최우선적으로 요구되는 신앙 관리 영역들이다.

분석 결과, 제1사분면에 포함되는 신앙 관리 영역은 정기적인 기도, 규칙적인 성경 묵상이었고, 제2사분면에는 경건 서적 읽기, 신학 공부, 정기적인 심방, 정기적인 전도였으며, 제3사분면에는 해당 사항이 없었고, 제4사분면에는 신앙 주제 대화, 교회 지체와의 교제, 규칙적인 예배였다.

<표 46> The Locus for Focus 모델을 활용한 대학생 신앙 관리 영역 우선순위

분면	신앙 관리 영역 우선순위
1사분면 (고고)	정기적인 기도, 규칙적인 성경 묵상
2사분면 (저고)	경건 서적 읽기, 신학 공부, 정기적인 심방, 정기적인 전도
3사분면 (저저)	-
4사분면 (고저)	신앙 주제 대화, 교회 지체와의 교제, 규칙적인 예배

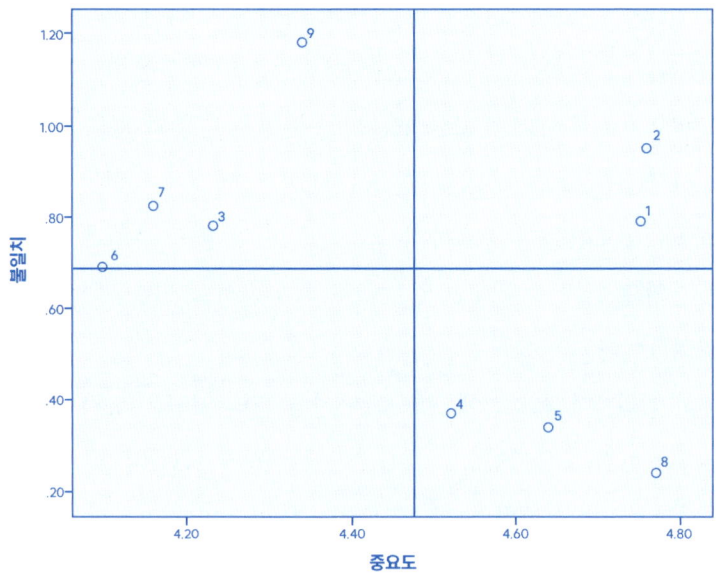

[그림 12] The Locus for Focus모델을 활용한 대학생 신앙 관리 영역 우선순위

| 참고문헌 |

가진수(2020). 『예배 패러다임 시프트』. 워십리더.

강용원(2008). 『기독교교육 방법론(기독교교육학 기본교재 총서 7)』. 서울: 한국기독교교육학회.

김상구(2005). 『일상생활과 축제로서의 예배』. 서울: 도서출판 이레서원.

김성중(2023). 『어쩌다 청소년 사역』. 서울: 두란노.

김소영(1994). 『현대예배학』. 서울: 한국장로교출판사.

레베카 맥클러플린(2021). 『기독교가 직면한 12가지 질문』. 이여진 옮김. 서울: 죠이북스.

류수현(2008). 『회중 찬송으로서의 Modern Worship 음악에 대한 연구』. 백석대학교 예술대학원 석사학위논문.

목회데이터연구소(2023). 『개신교 대학생의 신앙의식과 생활』. 서울: 목회데이터연구소.

목회데이터연구소(2024). 『2024 크리스천 중고생 신앙의식 조사』. 서울: 목회데이터연구소.

목회데이터연구소(2024). 『기독 청소년의 신앙의식 조사』. 서울: 목회데이터연구소.

문병하(2010). 『크리스천 리더십으로서의 멘토링에 대한 고찰』. 한국기독교신학논총 68집 359-378.

민경찬(2001). 『현대 교회에 나타난 새로운 음악예배에 대한 고찰』. 장로회신학대학교 신학대학원석사학위논문.

밥 소르기(1987). 『찬양으로 가슴 벅찬 예배』. 서울: 두란노.

손종국(2001). 『청소년 제자훈련』. 서울: 교회와 신앙.

신동열(2013). 『소명에 답하다』. 서울: 예수전도단.

신승범·이종민(2021). "기독 청년들이 교회를 떠나고 싶은 이유에 관한 질적 연구". 『기독교교육논총』 66집. 273-307.

안소영(2007). 『제자훈련 내 인생의 터닝포인트가 됐다』. 서울: 디사이플.

앤디 스탠리(2007). 『설교코칭』. 김창동 옮김. 서울: 디모데.

이수인(2014). "교회학교 교사교육을 위한 문제중심 학습법의 사용". 『기독교교육논총』 37. 233-259.

이원규(2002). 『한국 교회 무엇이 문제인가?』 서울: 감리교신학대학교 출판부.

이정규(2021). 『나는 누구인가요』. 서울: SFC.

이정현(2014). 『중고등부 믿음으로 승부하라』. 서울: 좋은씨앗.

이정현(2024). 『믿음으로 정면승부』. 서울: 생명의 말씀사.

이정현·나도움(2022). 『애들아 학교를 부탁해』. 서울: 생명의 말씀사.

이현철(2018). 『교회학교 교사, 어떻게 가르칠 것인가?』 서울: 생명의 양식.

이현철·허태영·안성복·김종용·백경태·최한림·김대호(2024). 『청소년을 말하다: 교회편』. 서울: SFC.

이현철·안성복·백경태·김종용·박건규·이자경(2023). 『위드 코로나시대 다음 세대 신앙리포트 2』. 서울: SFC.

이현철·허태영·안성복·김종용·백경태·최한림·김대호(2024). 『SFC, 청소년을 말하다: 교회편』. 서울: SFC.

장신근(2019). 『통전적 신앙과 생애주기별 기독교교육』. 서울: 장로회신학대학교 출판부.

정석원(2021). 『청소년 사역 핵심파일』. 서울: 홍성사.

제임스 패커·게리 패럿(2010). 『복음에 뿌리를 내려라』. 조계광 옮김. 서울: 생명의 말씀사.

조엘 비키·랜들 패더슨(2010). 『청교도를 만나다』. 이상웅·이한상 옮김. 서울: 부흥과개혁사.

최광덕(1997). 『찬양인을 위한 찬양, 어떻게 할 것인가?』 서울: ICM.

최혁(1994), 『찬양 리더』. 서울: 규장.

코넬리우스 반틸(2012). 『변증학』. 신국원 옮김. 서울: P&R.

크리스토퍼 라이트(2012). 『하나님 백성의 선교』. 서울: IVP.

톰 홀랜드(2020). 『도미니언』. 이종인 옮김. 서울: 책과 함께.

팀 켈러(2016). 『센터처치』. 오종향 옮김. 서울: 두란노.

학원복음화협의회 캠퍼스청년연구소(2022). 2022『청년트렌드 리포트』. 서울: 학원복음화협의회.

함영주(2012). 『심장을 뛰게하는 가르침의 기술: Hook-Book-Look-Took』. 서울: 소망플러스.

홍정수(1995). 『찬양예배, 어떻게 드릴 것인가』. 목회와 신학, 1995년호.

Anthony, Micahel J. (2010) 『기독교 교육학 사전』. 서울: CLC.

Barrows, H.S., & Tamblyn, R.M.(1980). *Based Learning: An Approach to Medical Education*. New York: Springer Publishing Company.

Craddock, Fred B.(1971). *As One without Authority*. Nashville, TN: Abingdon Press.

Jackson, Alen. (2003) *Basic Student Ministry*. Nashville: Lifeway.

John Stott, ed.(2020). *The Message of the Sermon on the Mount: Christian Counter-Culture*, Revised Edition, The Bible Speaks Today. London: IVP.

Leander E. Keck.(1978). *The Bible in the Pulpit: The Renewal of Biblical Preaching*. Nashville, TN: Abingdon.

Richard, L. O. & Bredfeldt, G. J.(1998). *Creative Bible Teaching*. Chicago: Moody Press.